Impressum
Verlag: BABADADA GmbH, Nedderfeld 112 , 22529 Hamburg
Geschäftsführer / Verlagsleitung: Harald Hof
Druck: Books on Demand GmbH, In de Tarpen 42, 22848 Norderstedt

Imprint
Publisher: BABADADA GmbH, Nedderfeld 112 , 22529 Hamburg, Germany
Managing Director / Publishing direction: Harald Hof
Print: Books on Demand GmbH, In de Tarpen 42, 22848 Norderstedt, Germany

# Šola
## de School

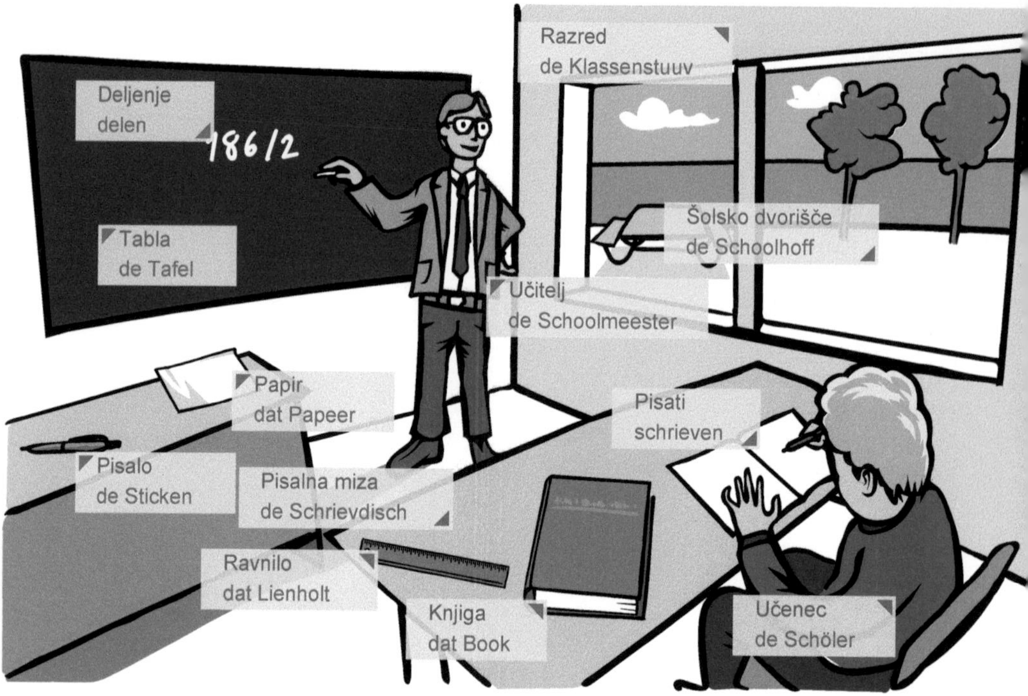

Razred
de Klassenstuuv

Deljenje
delen

186/2

Tabla
de Tafel

Šolsko dvorišče
de Schoolhoff

Učitelj
de Schoolmeester

Papir
dat Papeer

Pisati
schrieven

Pisalo
de Sticken

Pisalna miza
de Schrievdisch

Ravnilo
dat Lienholt

Knjiga
dat Book

Učenec
de Schöler

Šolska torba

de Ranzel

Peresnica

de Feddermapp

Svinčnik

de Bleesticken

Šilček

de Scharpmaker

Radirka

dat Radeergummi

Risalni blok

de Tekenblock

Risba

de Teken

Čopič

de Pinsel

Vodene barvice

de Malkassen

Škarje

de Scheer

Lepilo

de Klever

Zvezek

dat Heft to'n Öven

Domača naloga

de Huusopgaav

**12**

Število

de Tall

**2+2**

Seštevanje

tohooptellen

**5-2**

Odštevanje

aftrecken

**2×2**

Množenje

malnehmen

Računanje

reken

**A**

Črka

de Bookstaav

**ABCDEFG HIJKLMN OPQRSTU VWXYZ**

Abeceda

dat ABC

Beseda

dat Woort

Besedilo

de Text

Brati

lesen

Kreda

de Kried

Učna ura

de Stunn

Redovalnica

dat Klassenbook

Preizkus znanja

de Pröven

Spričevalo

dat Tüügnis

Šolska uniforma

de Schooluniform

Izobrazba

de Utbillen

Enciklopedija

dat Nakieksel

Univerza

de Universität

Mikroskop

dat Mikroskop

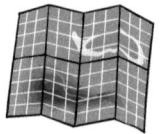

Zemljevid

de Koort

Koš za smeti

de Papeerkorf

# Potovanje
## de Törn

Hotel
dat Hotel
Hostel
de Harbarg
ROOMS
Menjalnica
de Wesselstuuv
Kovček
de Kuffer
Avtomobil
dat Auto

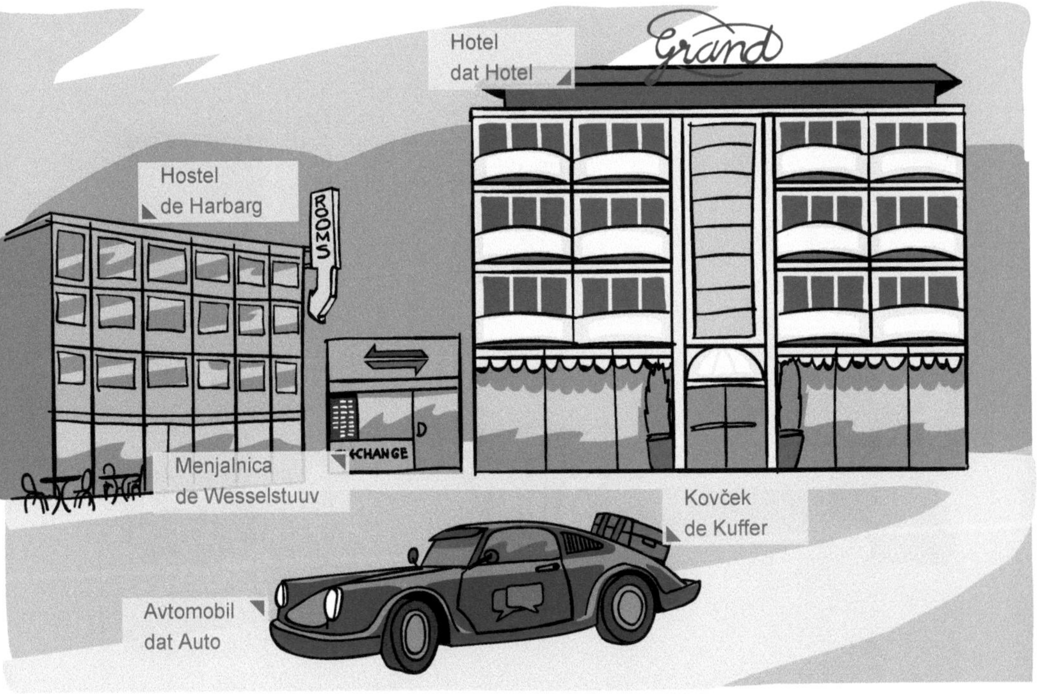

Jezik

de Spraak

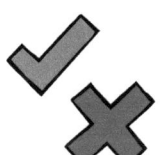

da / ne

jo / ne

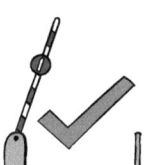

Prav

Jo

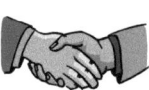

Pozdravljeni

Moin

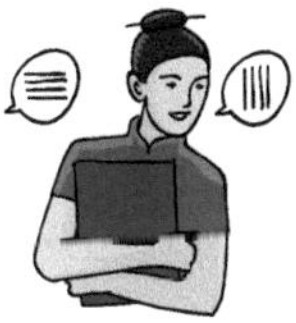

Prevajalec

de Översetter

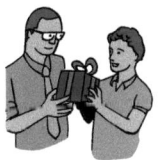

Hvala

Dank ok

Koliko stane…?

Wat kost…?

Ne razumem

Ik verstah nich

Težava

dat Problem

Dober večer!

Goden Avend

Dobro jutro!

Moin!

Lahko noč!

Gode Nacht!

Nasvidenje

Tschüüs

Smer

de Richt

Prtljaga

de Bagaasch

Torba

de Tasch

Nahrbtnik

de Rüchsack

Gost

de Gast

Soba

de Stuuv

Spalna vreča

de Slaapsack

Šotor

dat Telt

Turistične informacije
de Touristeninformatschoon

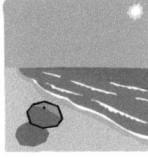

Plaža
de Strand

Kreditna kartica
de Kreditkoort

Zajtrk
dat Fröhstück

Kosilo
dat Meddageten

Večerja
dat Avendeten

Vozovnica
de Fohrkort

Dvigalo
de Fohrstohl

Znamka
de Breefmark

Meja
de Grenz

Carina
de Toll

Veleposlaništvo
de Bottschop

Vizum
dat Visum

Potni list
de Pass

# Prevoz
# de Transport

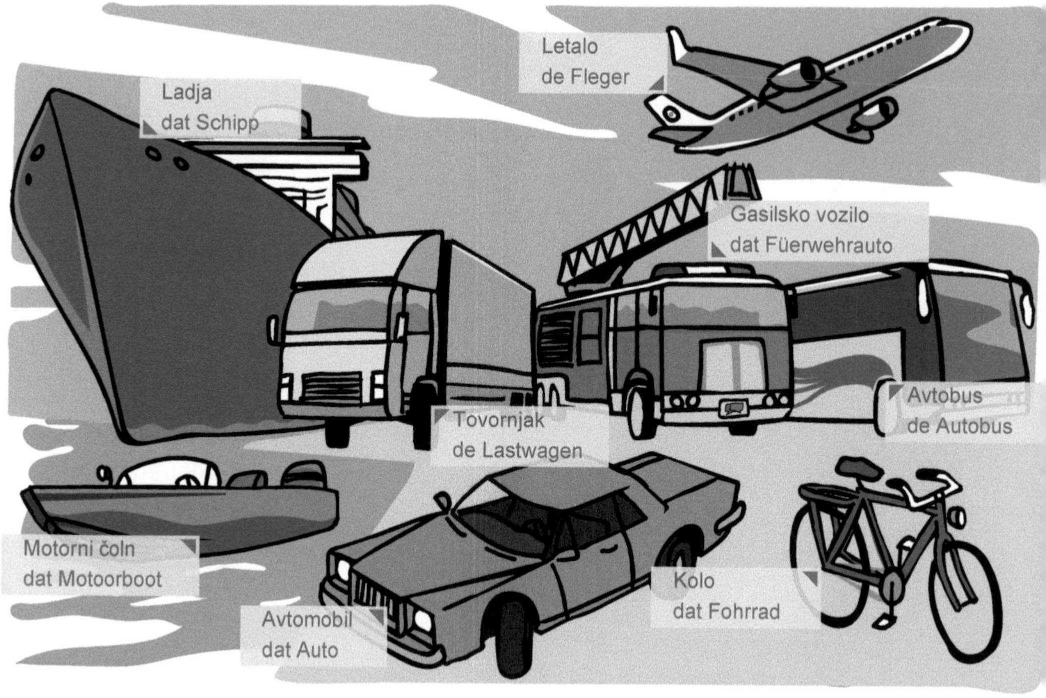

Letalo
de Fleger
Ladja
dat Schipp
Gasilsko vozilo
dat Füerwehrauto
Avtobus
de Autobus
Tovornjak
de Lastwagen
Motorni čoln
dat Motoorboot
Kolo
dat Fohrrad
Avtomobil
dat Auto


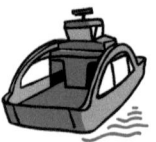

Trajekt

de Fähr

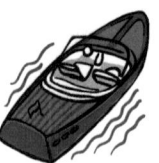

Čoln

dat Boot

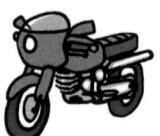

Motorno kolo

dat Motoorrad

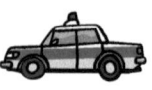

Policijski avto

dat Polizeiauto

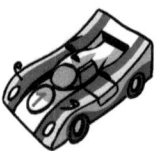

Dirkalni avto

dat Rönnauto

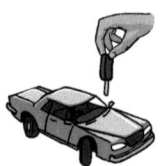

Najeto vozilo

de Lehnwagen

Souporaba avtomobila

dat Carsharing

Avtovleka

de Afsleepwagen

Smetarsko vozilo

dat Müllauto

Motor

de Motoor

Gorivo

de Kraftstoff

Bencinska postaja

de Tanksteed

Prometni znak

dat Verkehrsschild

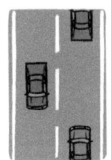

Promet

de Verkehr

Zastoj

de Stau

Parkirišče

de Afstellplatz

Železniška postaja

de Bahnhoff

Tirnice

de Sporen

Vlak

de Tog

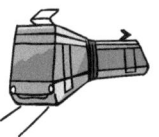

Tramvaj

de Stratenbahn

Vagon

de Wagon

Helikopter

de Dwarsmöhl

Letališče

de Flooghaven

Stolp

de Tower

Potnik

de Fohrgast

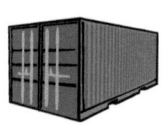

Kontejner

de Grootkist

Karton

de Karton

Voziček

de Koor

Košara

de Korf

vzleteti / pristati

starten / lannen

## Mesto

## de Stadt

Vas

dat Dörp

Mestno jedro

de Binnenstadt

Hiša

dat Huus

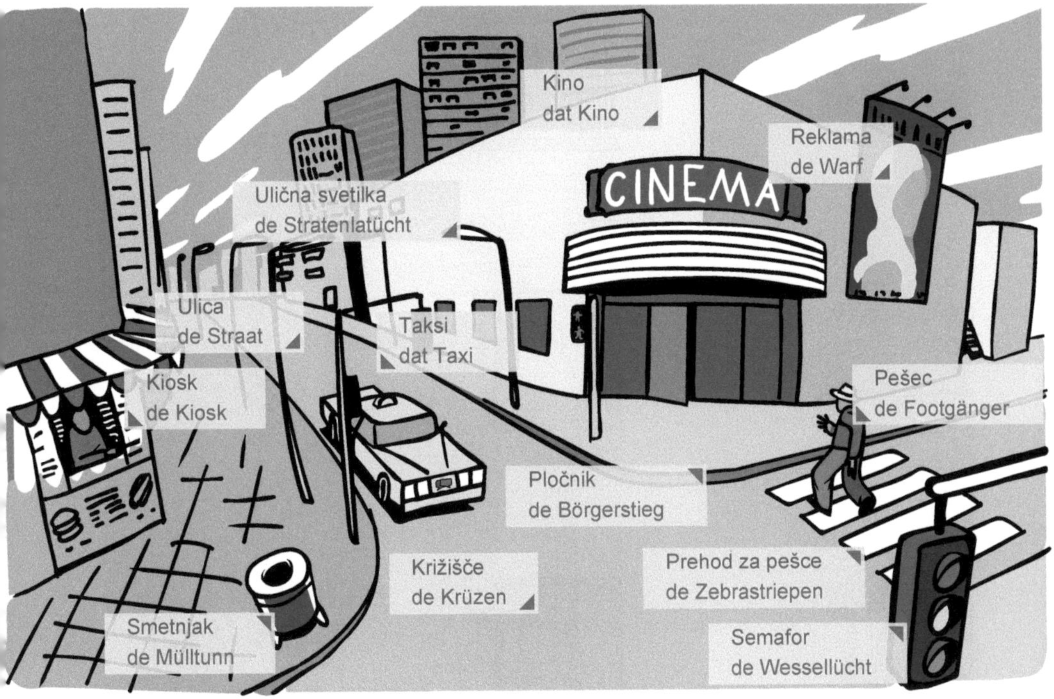

Kino
dat Kino

Reklama
de Warf

Ulična svetilka
de Stratenlatücht

CINEMA

Ulica
de Straat

Taksi
dat Taxi

Kiosk
de Kiosk

Pešec
de Footgänger

Pločnik
de Börgerstieg

Križišče
de Krüzen

Prehod za pešce
de Zebrastriepen

Smetnjak
de Mülltunn

Semafor
de Wessellücht

Koča
de Hütt

Stanovanje
de Wahnung

Železniška postaja
de Bahnhoff

Mestna hiša
dat Raathuus

Muzej
dat Museum

Šola
de School

Univerza
de Universität

Banka
de Bank

Bolnišnica
dat Krankenhuus

Hotel
dat Hotel

Lekarna
de Afteek

Pisarna
dat Büro

Knjigarna
de Bookhökerie

Trgovina
de Hökerie

Cvetličarna
de Blomenhökerie

Supermarket
de Supermarkt

Tržnica
de Markt

Veleblagovnica
dat Koophuus

Ribarnica
de Fischhökerie

Nakupovalno središče
dat Inkoopszentrum

Pristanišče
de Haven

Park

de Parkanlaag

Klop

de Bank

Most

de Brüch

Stopnice

de Trepp

Podzemna železnica

de Ünnergrundbahn

Predor

de Tunnel

Avtobusno postajališče

de Busstoppsteed

Bar

de Bar

Restavracija

dat Spieslokal

Poštni nabiralnik

de Breefkassen

Ulična tabla

dat Stratenschild

Parkirna ura

de Parkklock

Živalski vrt

de Deertenpark

Kopališče

de Baadanstalt

Mošeja

de Moschee

Kmetija
de Buernhoff

Onesnaževanje
de Ümweltversmudden

Pokopališče
de Karkhoff

Cerkev
de Kark

Otroško igrišče
de Speelplatz

Tempelj
de Tempel

# Pokrajina
## de Landschop

List
dat Blatt

Kažipot
de Wiespahl

Pot
de Weg

Travnik
de Wisch

Kamen
de Steen

Drevo
de Boom

Pohodnik
de Wannerer

Reka
de Fluss

Trava
dat Gras

Cvetlica
de Bloom

Dolina

dat Daal

Hrib

de Barg

Jezero

de See

Gozd

dat Holt

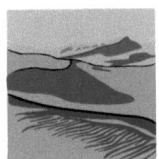

Puščava

de Wööst

Vulkan

de Füerspien Barg

Grad

dat Slott

Mavrica

de Regenbagen

Goba

de Poggenstohl

Palma

de Palm

Komar

de Steekmück

Muha

de Fleeg

Mravlja

de Miegeemk

Čebela

de Imm

Pajek

de Spinn

Hrošč

de Sebber

Žaba

de Pogg

Veverica

de Katteker

Jež

de Swienegel

Zajec

de Haas

Sova

de Uul

Ptič

de Vagel

Labod

de Swaan

Divji prašič

dat Wildswien

Jelen

de Hirsch

Los

de Elk

Jez

de Staudamm

Vetrnica

dat Windrad

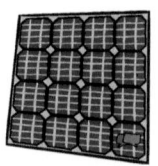

Solarna plošča

dat Solarmodul

Podnebje

dat Klima

# Restavracija
# dat Spieslokal

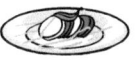

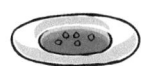

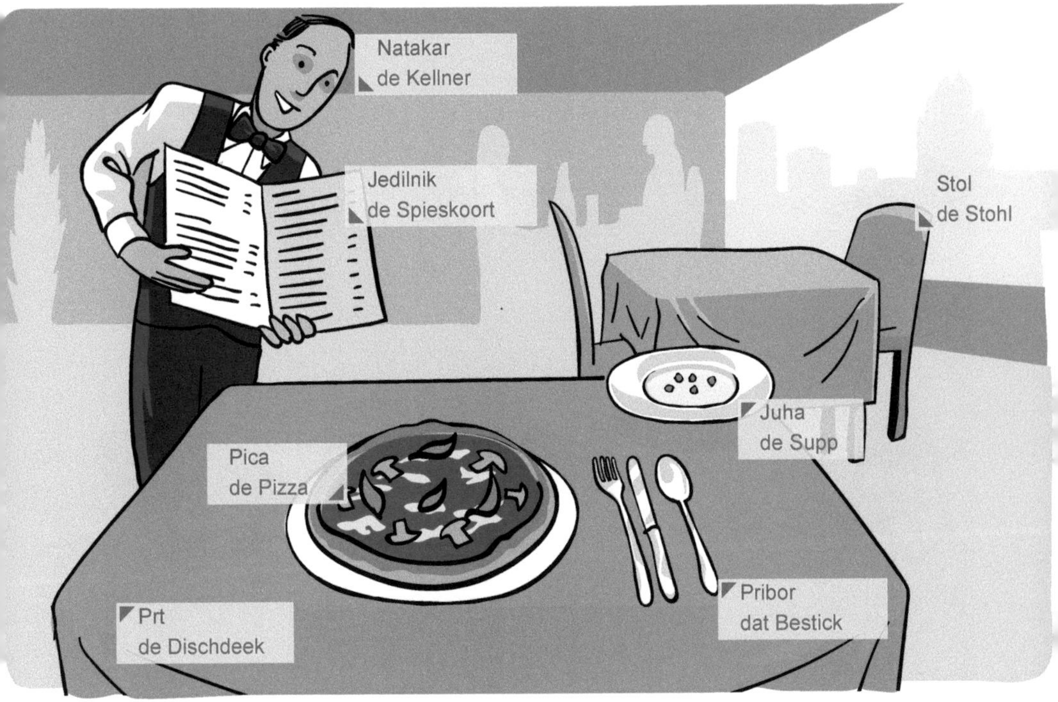
Natakar
de Kellner
Jedilnik
de Spieskoort
Stol
de Stohl
Juha
de Supp
Pica
de Pizza
Pribor
dat Bestick
Prt
de Dischdeek

Predjed

de Vörspies

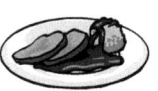

Glavna jed

dat Haupteten

Sladica

de Nadisch

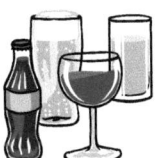

Pijače

de Drünk

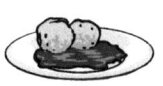

Hrana

dat Eten

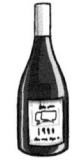

Steklenica

de Buddel

Hitra hrana

dat Fastfood

Ulična hrana

dat Strateneten

Čajnik

de Teekann

Sladkornica

de Zuckerdoos

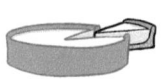

Porcija

de Portschoon

Aparat za espresso

de Espressomaschien

Stolček za hranjenje

de Hoochstohl

Račun

de Reken

Pladenj

dat Tablett

Nož

dat Mess

Vilica

de Gavel

Žlica

de Lepel

Čajna žlička

de Teelepel

Servieta

dat Munddook

Kozarec

dat Glas

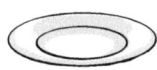

Krožnik

de Töller

Globoki krožnik

de Suppentöller

Krožniček

de Ünnertass

Omaka

de Sooß

Solnica

de Soltstreuer

Mlinček za poper

de Pepermöhl

Kis

de Etig

Olje

dat Ööl

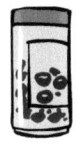

Začimbe

de Krüder

Kečap

de Ketchup

Gorčica

de Mostrich

Majoneza

de Mayonnaise

# Supermarket
# de Supermarkt

Posebna ponudba
dat Anbott
FOR
Stranka
de Kunn
Mlečni izdelki
de Melkprodukten
Sadje
dat Aaft
Nakupovalni voziček
de Inkoopswagen


BUTCHERS


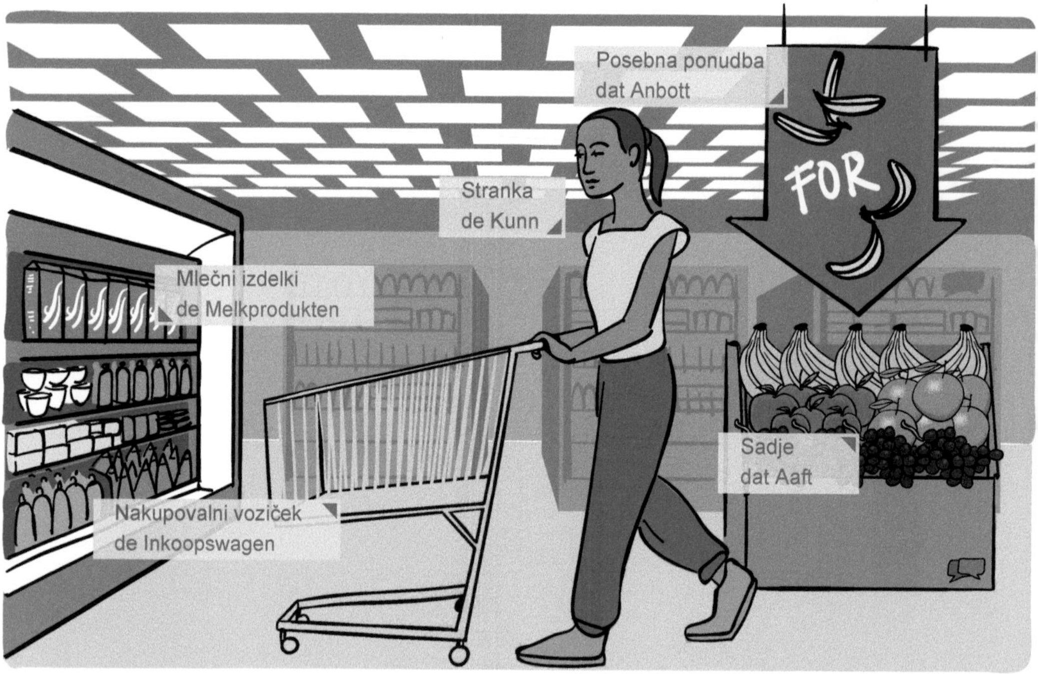

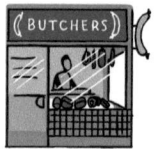

Mesnica
de Slachterie

BAKERY

Pekarna
de Bäckerie

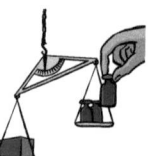

Tehtati
wegen

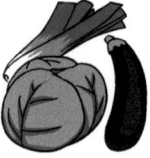

Zelenjava
de Gröönsaken

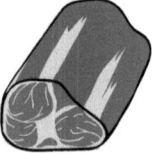

Meso
dat Fleesch

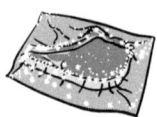

Zamrznjena hrana
de Deepköhlkost

Hladne mesnine

de Opsnitt

Konzerve

de Konserven

Pralni prašek

de Waschmiddel

Sladkarije

de Snoopkraam

Gospodinjski izdelki

de Huushooltssaken

Čistilno sredstvo

de Reinmaaktüüch

Prodajalka

de Verköpersche

Blagajna

de Kass

Blagajnik

de Kasserer

Nakupovalni seznam

de Inkoopslist

Delovni čas

de Opsparrtieden

Denarnica

de Breeftasch

Kreditna kartica

de Kreditkoort

Torba

de Tasch

Plastična vrečka

de Plastiktüüt

Voda

dat Water

Sok

de Saft

Mleko

de Melk

Kola

de Cola

Vino

de Wien

Pivo

dat Beer

Alkohol

de Spriet

Kakav

de Kakao

Čaj

de Tee

Kava

de Koffie

Espresso

de Espresso

Kapučino

de Cappucino

Banana

de Banaan

Jabolko

de Appel

Pomaranča

de Appelsien

Lubenica

de Meloon

Limona

de Zitroon

Korenje

de Wöttel

Česen

de Knuuvlook

Bambus

de Bambus

Čebula

de Zibbel

Goba

de Poggenstohl

Oreščki

de Nööt

Rezanci

de Nudeln

Špageti

de Spaghetti

Riž

de Ries

Solata

de Salat

Ocvrt krompirček

de Pommes frites

Pečen krompir

de Braadkantüffeln

Pica

de Pizza

Hamburger

de Hamborger

Sendvič

dat Sandwich

Zrezek

dat Snitzel

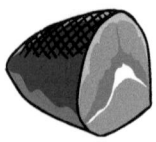

Šunka

de Schinken

Salama

de Salami

Klobasa

de Wust

Piščanec

dat Hohn

Pečenka

de Braden

Riba

de Fisch

Ovseni kosmiči

de Haverflocken

Musli

dat Müsli

Koruzni kosmiči

de Cornflakes

Moka

dat Mehl

Rogljiček

de Croissant

Žemlja

dat Rundstück

Kruh

dat Broot

Prepečenec

dat Toast

Piškoti

de Keksen

Maslo

de Botter

Skuta

de Quark

Torta

de Koken

Jajce

dat Ei

Pečeno jajce na oko

dat Spegelei

Sir

de Kees

Sladoled

de Ies

Sladkor

de Zucker

Med

de Honnig

Marmelada

de Marmelaad

Čokoladni namaz

de Nougat-Creme

Kari

dat Curry

# Kmetija
## de Buernhoff

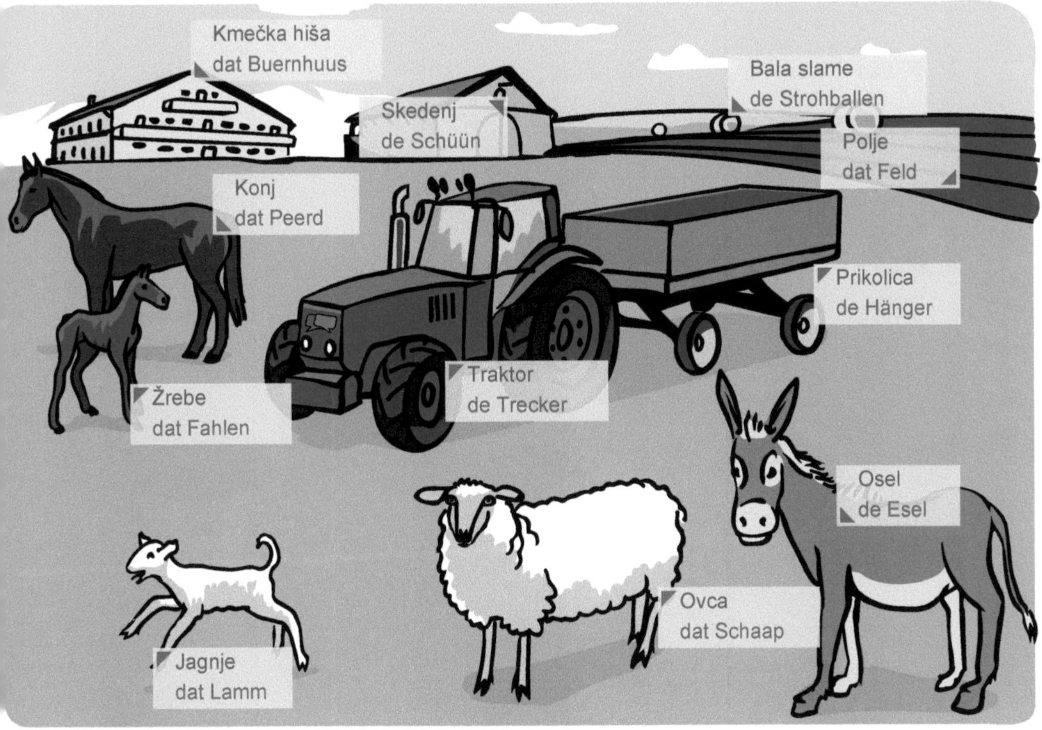

Kmečka hiša
dat Buernhuus
Skedenj
de Schüün
Bala slame
de Strohballen
Polje
dat Feld
Konj
dat Peerd
Prikolica
de Hänger
Traktor
de Trecker
Žrebe
dat Fahlen
Osel
de Esel
Ovca
dat Schaap
Jagnje
dat Lamm


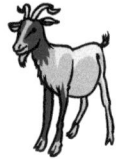

Koza
..................
de Zeeg

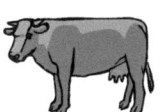

Krava
..................
de Koh

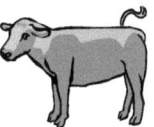

Tele
..................
dat Kalf

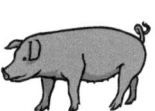

Prašič
..................
dat Swien

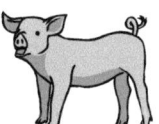

Pujsek
..................
dat Farken

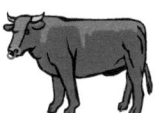

Bik
..................
de Bull

Gos

de Goos

Raca

de Aant

Piščanec

dat Küken

Kokoš

dat Hohn

Petelin

de Hahn

Podgana

de Rott

Mačka

de Katt

Miš

de Muus

Vol

de Oss

Pes

de Hund

Pasja uta

de Hunnenhütt

Cev za zalivanje

de Goornslauch

Kangla za zalivanje

de Geetkann

Kosa

de Lee

Plug

de Ploog

Srp

de Sich

Motika

de Hack

Vile

de Mestfork

Sekira

de Ext

Samokolnica

de Schuufkoor

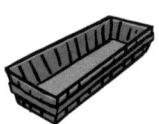

Korito

de Trog

Kangla za mleko

de Melkkann

Vreča

de Sack

Ograja

de Tuun

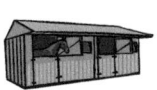

Hlev

de Stall

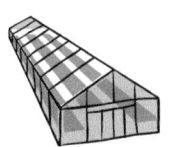

Rastlinjak

dat Drievhuus

Prst

de Bodden

Seme

de Saat

Gnojilo

de Dünger

Kombajn

de Meihdöscher

Žeti
................
oornen

Žetev
................
de Oorn

Jam
................
de Yamswöttel

Pšenica
................
de Weten

Soja
................
dat Soja

Krompir
................
de Kantüffel

Koruza
................
de Törksche Weten

Oljna ogrščica
................
de Rapp

Sadno drevo
................
de Aaftboom

Maniok
................
de Troopsch Kantüffel

Žito
................
dat Koorn

# Hiša
# dat Huus

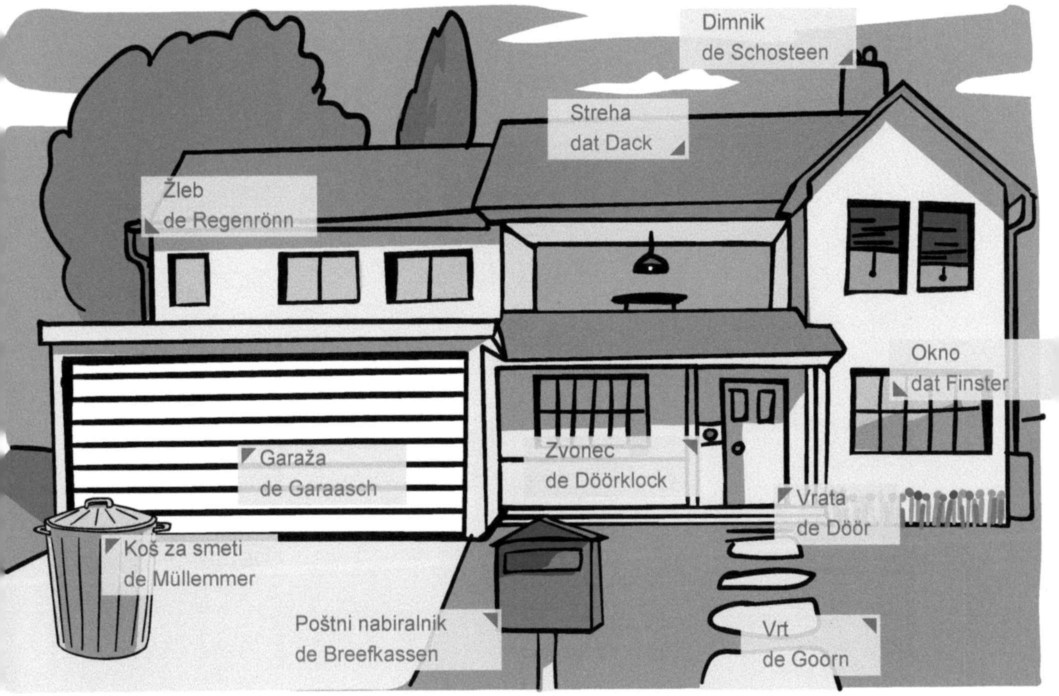

Dimnik
de Schosteen
Streha
dat Dack
Žleb
de Regenrönn
Okno
dat Finster
Garaža
de Garaasch
Zvonec
de Döörklock
Vrata
de Döör
Koš za smeti
de Müllemmer
Poštni nabiralnik
de Breefkassen
Vrt
de Goorn


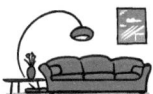

Dnevna soba

de Wahnstuuv

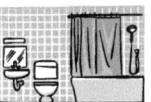

Kopalnica

de Baadstuuv

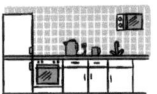

Kuhinja

de Köök

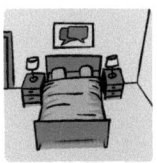

Spalnica

de Slaapstuuv

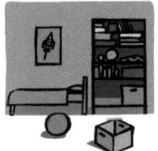

Otroška soba

de Kinnerstuuv

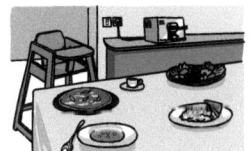

Jedilnica

de Eetstuuv

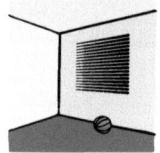

Tla
......................
de Footbodden

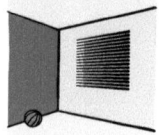

Stena
......................
de Wand

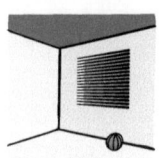

Strop
......................
de Deek

Klet
......................
de Keller

Savna
......................
dat Hittluftbad

Balkon
......................
de Balkon

Terasa
......................
de Terrass

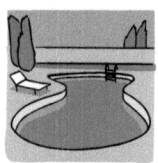

Bazen
......................
dat Swümmbad

Kosilnica
......................
de Rasenmeiher

Rjuha
......................
de Bettbetog

Posteljno pregrinjalo
......................
de Bettdeek

Postelja
......................
de Puuch

Metla
......................
de Bessen

Vedro
......................
de Emmer

Stikalo
......................
de Schalter

# Dnevna soba
# de Wahnstuuv

Tapeta
de Tapeet
Slika
dat Bild
Svetilka
de Lamp
Polica
dat Regal
Omara
dat Schapp
Televizor
de Kiekkassen
Kamin
de Kamin
Cvetlica
de Bloom
Blazina
dat Küssen
Zofa
dat Sofa
Vaza
de Vaas
Daljinski upravljalnik
de Feernbedenen

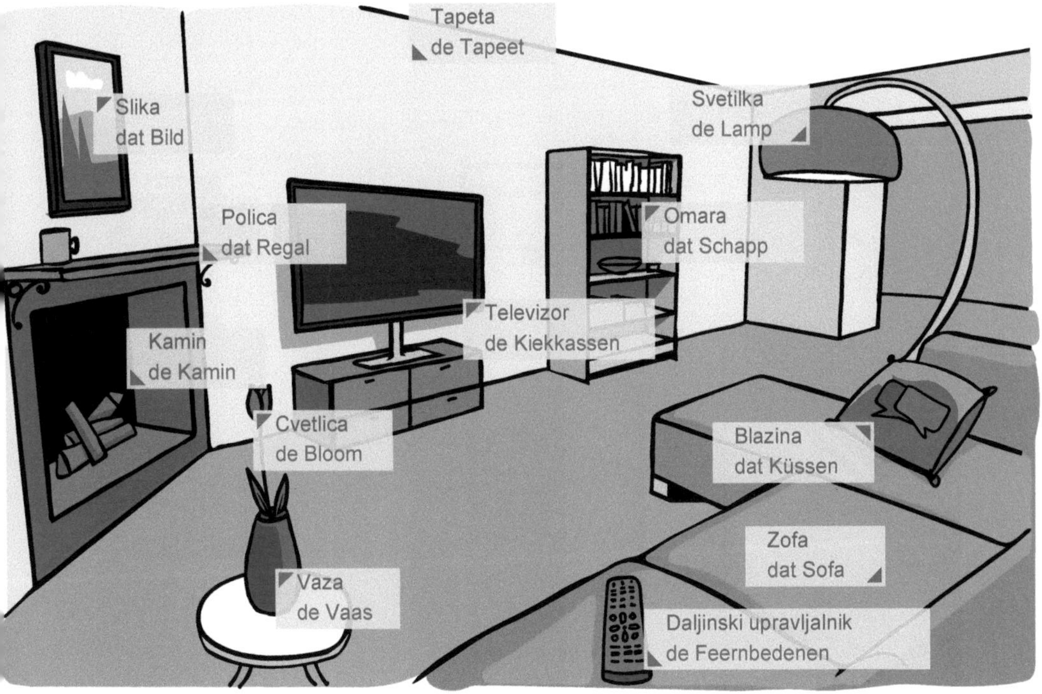

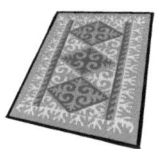

Preproga

de Teppich

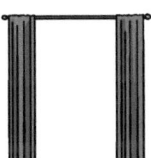

Zavesa

de Vörhang

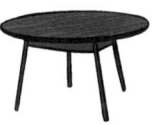

Miza

de Disch

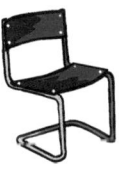

Stol

de Stohl

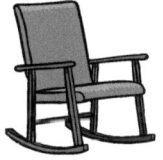

Gugalnik

de Schuckelstohl

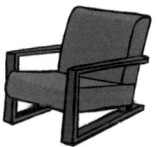

Naslanjač

de Sessel

Knjiga

dat Book

Odeja

de Deek

Dekoracija

de Dekoratschoon

Drva

dat Füerholt

Film

de Film

Glasbeni stolp

de Stereoanlaag

Ključ

de Slötel

Časopis

dat Narichtenblatt

Slika

dat Gemälde

Plakat

dat Poster

Radio

dat Radio

Beležka

de Opschrievblock

Sesalnik

de Huulbessen

Kaktus

de Kaktus

Sveča

de Kars

# Kuhinja
# de Köök

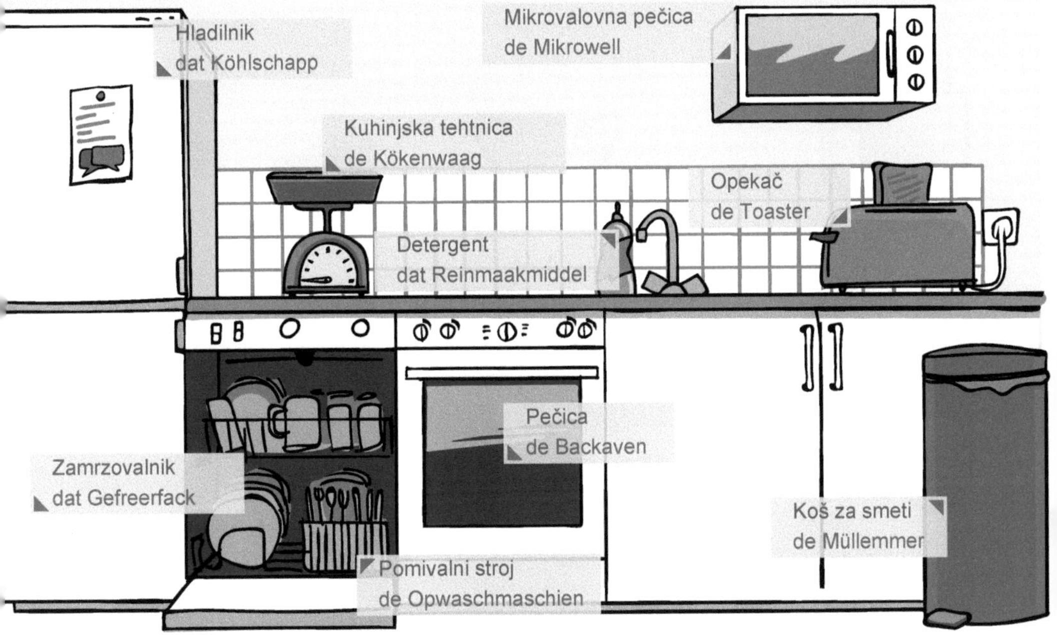
Hladilnik
dat Köhlschapp
Mikrovalovna pečica
de Mikrowell
Kuhinjska tehtnica
de Kökenwaag
Opekač
de Toaster
Detergent
dat Reinmaakmiddel
Pečica
de Backaven
Zamrzovalnik
dat Gefreerfack
Koš za smeti
de Müllemmer
Pomivalni stroj
de Opwaschmaschien

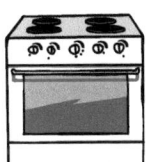

Kozica

de Heerd

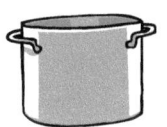

Lonec

de Pott

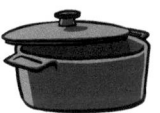

Litoželezni lonec

de Gussiesern Putt

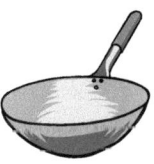

Vok / kadai

de Wok / Kadai

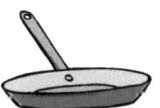

Ponev

de Pann

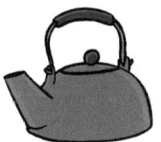

Kotliček

de Waterkaker

Parni kuhalnik

de Dampkaakputt

Pekač

dat Backblick

Posoda

dat Geschirr

Skodelica

de Beker

Skleda

de Schaal

Jedilne paličice

de Eetsticken

Zajemalka

de Suppenkell

Lopatica

de Pannenwenner

Metlica

de Sneebessen

Cedilnik

dat Kaakseef

Cedilo

dat Seef

Strgalo

de Riev

Možnar

de Mörser

Žar

de Grill

Ognjišče

de Füerstell

Deska za rezanje

dat Sniedbrett

Valjar

dat Nudelholt

Odpirač za steklenice

de Proppentrecker

Pločevinka

de Doos

Odpirač za konzerve

de Dosenaapner

Prijemalka za posodo

de Pottlappen

Korito

dat Waschbecken

Ščetka

de Böst

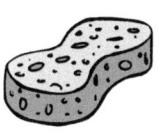

Goba

de Swamm

Mešalnik

de Mixer

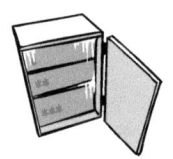

Zamrzovalna skrinja

dat Iesschapp

Steklenička

de Nuckelbuddel

Pipa

de Waterhahn

Kuhinja - de Köök

# Kopalnica
# de Baadstuuv

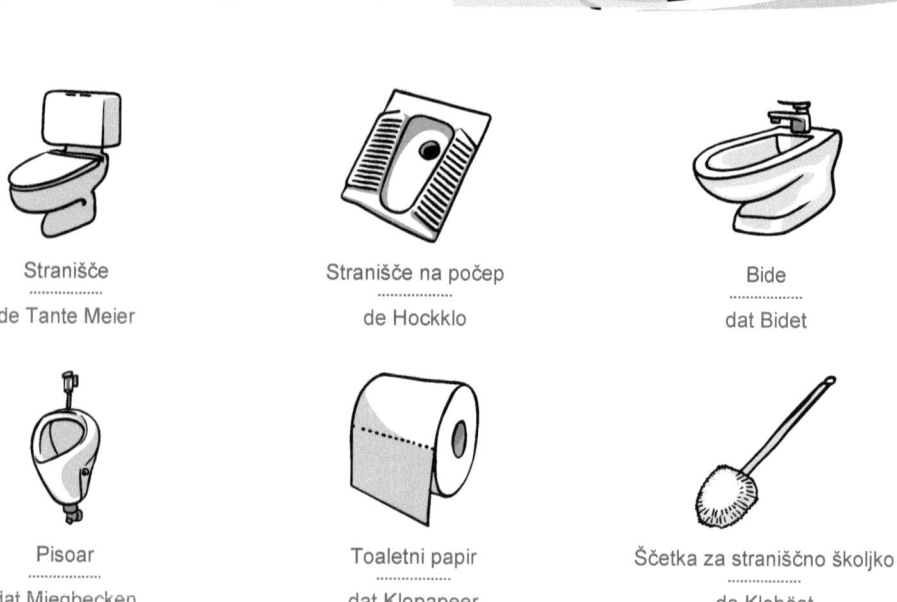

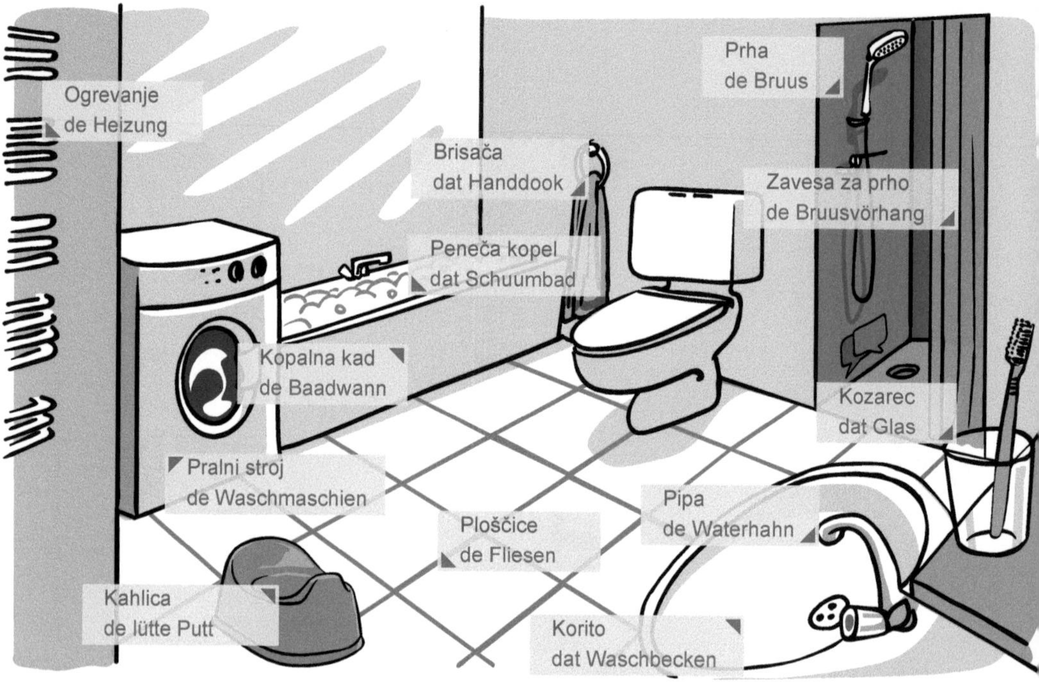

Ogrevanje
de Heizung
Brisača
dat Handdook
Peneča kopel
dat Schuumbad
Kopalna kad
de Baadwann
Pralni stroj
de Waschmaschien
Kahlica
de lütte Putt
Ploščice
de Fliesen
Prha
de Bruus
Zavesa za prho
de Bruusvörhang
Kozarec
dat Glas
Pipa
de Waterhahn
Korito
dat Waschbecken


Stranišče

de Tante Meier

Stranišče na počep

de Hockklo

Bide

dat Bidet

Pisoar

dat Miegbecken

Toaletni papir

dat Klopapeer

Ščetka za straniščno školjko

de Kloböst

Zobna ščetka

de Tähnböst

Zobna pasta

de Tähnpast

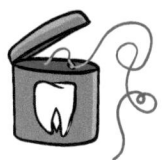

Zobna nitka

de Tähnsied

Umiti se

waschen

Ročna prha

de Handbruus

Prha za intimne dele

de Intimbruus

Umivalnik

de Waschschöttel

Krtača za hrbet

de Rüchböst

Milo

de Seep

Gel za prhanje

dat Bruusgeel

Šampon

dat Hoorwaschmiddel

Krpica za miljenje

de Waschlappen

Odtok

de Afloop

Krema

de Creme

Deodorant

dat Deodorant

Ogledalo

de Spegel

Ročno ogledalo

de Kosmetikspegel

Britvica

de Raserer

Pena za britje

de Raseerschuum

Vodica po britju

dat Raseerwater

Glavnik

de Kamm

Ščetka

de Böst

Sušilnik za lase

de Hoordröger

Lak za lase

dat Hoorspray

Ličila

de Smink

Šminka

de Lippensticken

Lak za nohte

de Nagellack

Vatirane blazinice

de Watt

Škarjice za nohte

de Nagelscheer

Parfum

dat Rüükwater

Toaletna torbica

de Kulturbüdel

Stol brez naslonjala

de Schemel

Osebna tehtnica

de Waag

Kopalni plašč

de Baadmantel

Gumijaste rokavice

de Gummihanschen

Tampon

de Tampon

Damski vložki

de Damenbinn

Kemično stranišče

dat Chemieklo

# Otroška soba
# de Kinnerstuuv

Budilka
de Wecker
Plišasta igrača
dat Knudeldeert
Avtomobilček
dat Speeltüüchauto
Ropotuljica
de Klöter
Hiška za punčke
dat Poppenhuus
Darilo
dat Geschenk

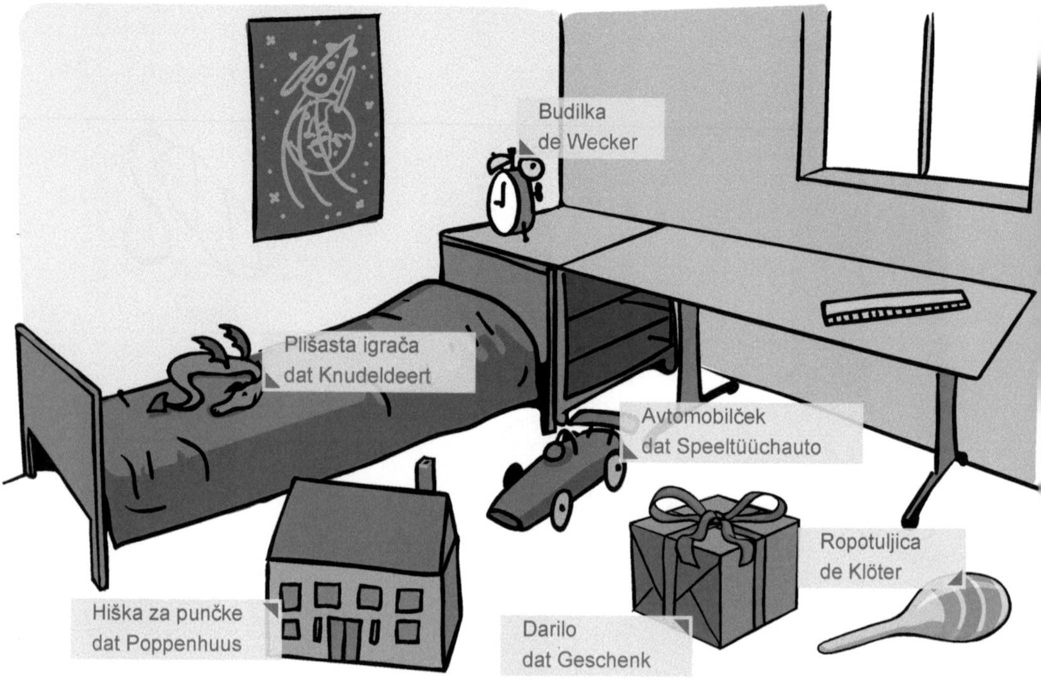

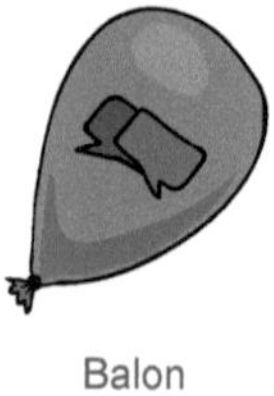

Balon

de Luftballon

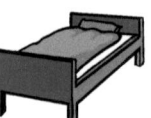

Postelja

de Puuch

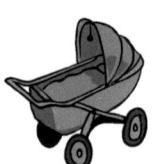

Otroški voziček

de Kinnerwagen

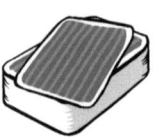

Igralne karte

dat Koortenspeel

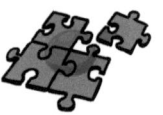

Sestavljanka

dat Puzzle

SUPER MEGA

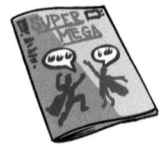

Strip

de Billergeschicht

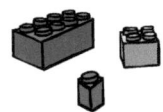

Lego kocke

de Legostenen

Igralne kocke

de Bustenen

Akcijska figura

de Action-Figur

Bodi

de Strampelantog

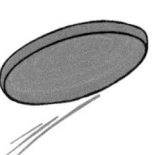

Frizbi

de Frisbeeschiev

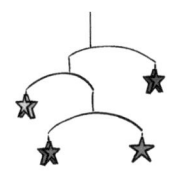

Vrtiljak za posteljico

dat Mobile

Namizna igra

dat Brettspeel

Kocka

de Wörpel

Komplet modelov vlakov

de Modelliesenbahn

Duda

de Snuller

Zabava

de Party

Slikanica

dat Billerbook

Žoga

de Ball

Lutka

de Popp

Igrati se

spelen

Peskovnik
de Sandkassen

Gugalnica
de Schuckel

Igrače
dat Speeltüüch

Igralna konzola
de Speelkonsool

Tricikel
dat Dreerad

Plišasti medvedek
de Teddyboor

Garderoba
dat Klederschapp

# Oblačilo
## dat Tüüch

Nogavice
de Socken

Samostoječe nogavice
de Strümp

Hlačne nogavice
de Strumpbüx

Šal
dat Halsdook

Dežnik
de Paraplü

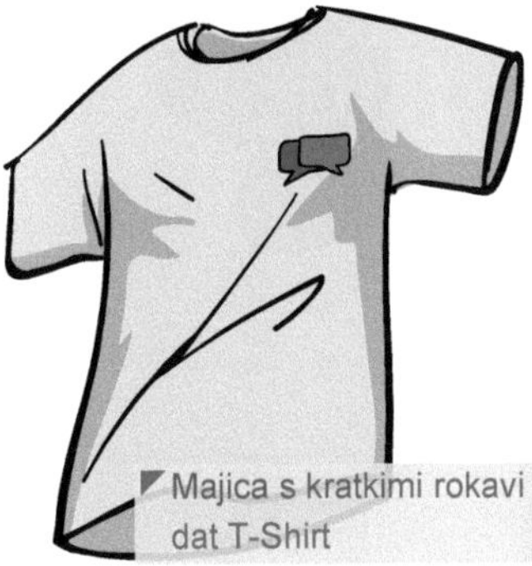

Majica s kratkimi rokavi
dat T-Shirt

Pas
de Liefreem

Škornji
de Stevel

Copati
de Puuschen

Športni copati
de Turnschoh

Sandali

de Sandalen

Čevlji

de Schoh

Gumijasti škornji

de Gummistevel

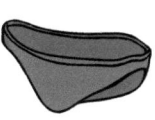

Spodnje hlače

de Ünnerbüx

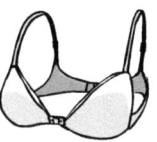

Modrček

de Bostholler

Telovnik

dat Ünnerhemd

Bodi

de Lief

Hlače

de Büx

Kavbojke

de Jeansnüx

Krilo

de Rock

Bluza

de Bluus

Srajca

dat Hemd

Pulover

de Pullover

Pletena jopica

de Kapuzenpullover

Jopa

de Blazer

Jakna

de Jack

Plašč

de Mantel

Dežni plašč

de Övertrecker

Kostim

dat Kostüm

Obleka

dat Kleed

Poročna obleka

dat Hochtietskleed

Obleka

de Antog

Spalna srajca

dat Nachtkleed

Pižama

de Slaapantog

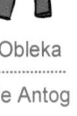

Sari

de Sari

Naglavna ruta

dat Koppdook

Turban

de Turban

Burka

de Burka

Kaftan

de Kaftan

Abaja

de Abaya

Kopalke

de Baadantog

Kopalne hlače

de Baadbüx

Kratke hlače

de Korte Büx

Trenirka

de Antog to'n Öven

Predpasnik

de Schört

Rokavice

de Handschoh

Oblačilo - dat Tüüch

47

Gumb

de Knopp

Očala

de Brill

Zapestnica

dat Armband

Verižica

de Halskeed

Prstan

de Ring

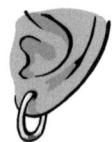

Uhan

de Ohrbummel

Kapa

de Mütz

Obešalnik

de Klederbögel

Klobuk

de Hoot

Kravata

de Binner

Zadrga

de Rietslüter

Čelada

de Helm

Naramnice

dat Drachtband

Šolska uniforma

de Schooluniform

Uniforma

de Uniform

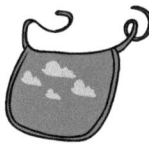

Slinček

de Severböten

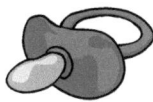

Duda

de Snuller

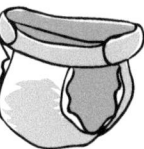

Plenica

de Winnel

# Pisarna
# dat Büro

Strežnik
de Server
Kartotečna omara
dat Aktenschapp
Tiskalnik
de Drucker
Papir
dat Papeer
Monitor
de Bildschirm
Miška
de Muus
Pisalna miza
de Schrievdisch
Mapa
de Orner
Tipkovnica
dat Knoopboord
Stol
de Stohl
Koš za smeti
de Papeerkorf
Računalnik
de Computer


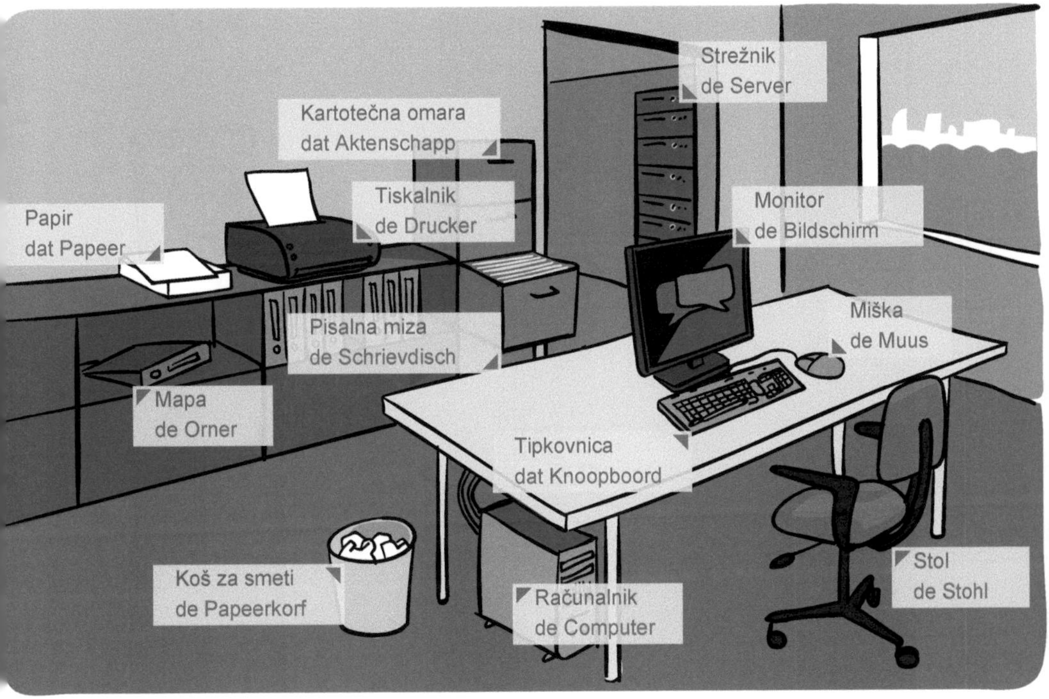

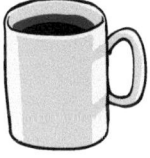

Lonček za kavo

de Koffiebeker

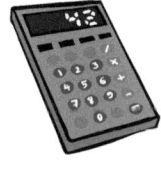

Kalkulator

de Taschenreekner

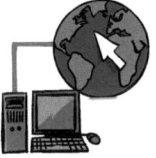

Internet

dat Internet

Prenosnik

de Klappreekner

Pismo

de Breef

Sporočilo

de Naricht

Mobilnik

de Ackersnacker

Omrežje

dat Nettwark

Kopirni stroj

de Kopeerapparat

Programska oprema

de Software

Telefon

de Klöönkassen

Vtičnica

de Steekdoos

Telefaks

de Faxapparat

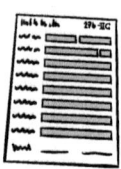

Obrazec

dat Formulor

Dokument

dat Dokument

Kupiti

köpen

Plačati

betahlen

Trgovati

hanneln

Denar

dat Geld

Dolar

de Dollar

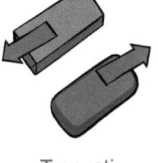

Evro

de Euro

Jen

de Yen

Rubelj

de Ruvel

Švičarski frank

de Swiezer Franken

Kitajski juan renminbi

de Renminbi Yuan

Rupija

de Rupie

Bankomat

de Geldautomat

Menjalnica

de Wesselstuuv

Zlato

dat Gold

Srebro

dat Sülver

Nafta

dat Ööl

Energija

de Energie

Cena

de Pries

Pogodba

de Verdrag

Davek

de Stüer

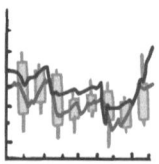

Delnice

de Andeelschien

Delati

arbeiden

Delojemalec

de Anstellte

Delodajalec

de Arbeitgever

Tovarna

de Fabrik

Trgovina

de Hökerie

# Poklici

# de Profeschonen

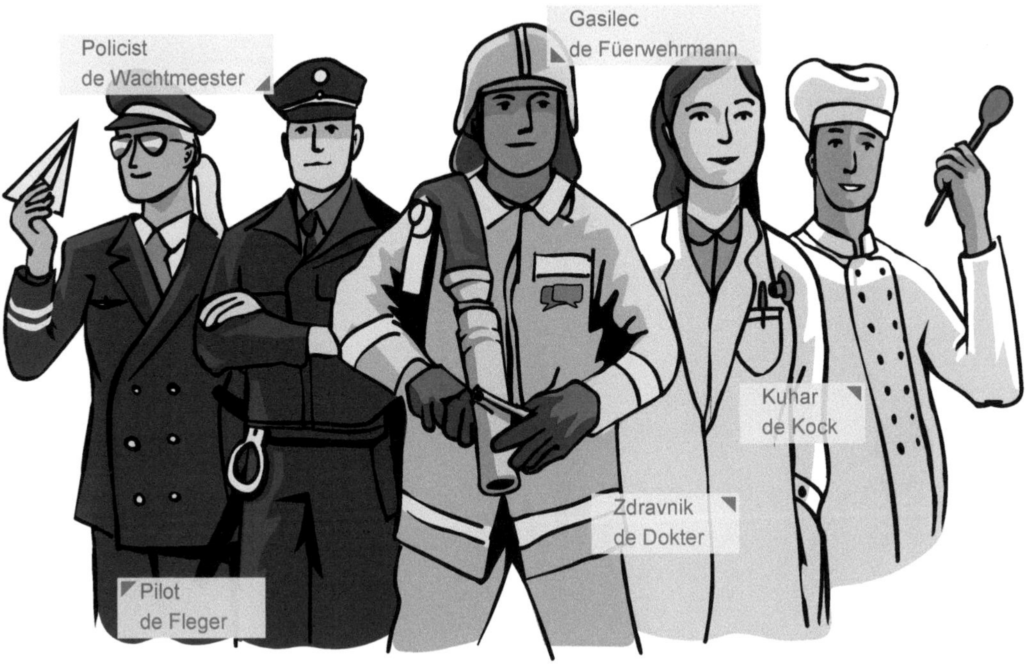
Policist
de Wachtmeester
Gasilec
de Füerwehrmann
Kuhar
de Kock
Zdravnik
de Dokter
Pilot
de Fleger

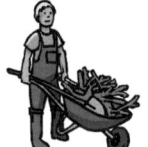

Vrtnar
..................
de Goorner

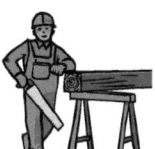

Mizar
..................
de Discher

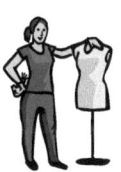

Šivilja
..................
de Neihersche

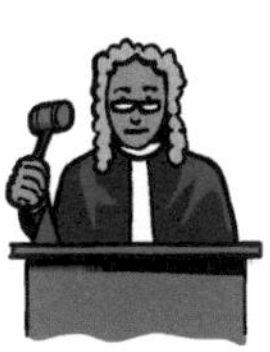

Sodnik
..................
de Richter

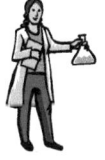

Kemik
..................
de Chemiker

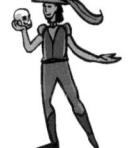

Igralec
..................
de Schauspeler

Voznik avtobusa

de Busfohrer

Taksist

de Taxifohrer

Ribič

de Fischer

Čistilka

de Reinmaakfru

Krovec

de Dackdecker

Natakar

de Kellner

Lovec

de Jäger

Pleskar

de Maler

Pek

de Bäcker

Električar

de Elektriker

Gradbenik

de Buarbeider

Inženir

de Ingenieur

Mesar

de Slachter

Vodovodni inštalater

de Klempner

Poštar

de Postbüdel

Vojak

de Suldat

Arhitekt

de Architekt

Blagajnik

de Kasserer

Cvetličar

de Florist

Frizer

de Putzbüdel

Sprevodnik

de Schaffner

Mehanik

de Mechaniker

Kapitan

de Kaptein

Zobozdravnik

de Tähndokter

Znanstvenik

de Wetenschopler

Rabin

de Rabbi

Imam

de Imam

Menih

de Mönk

Duhovnik

de Paap

# Orodje

# dat Warktüüch

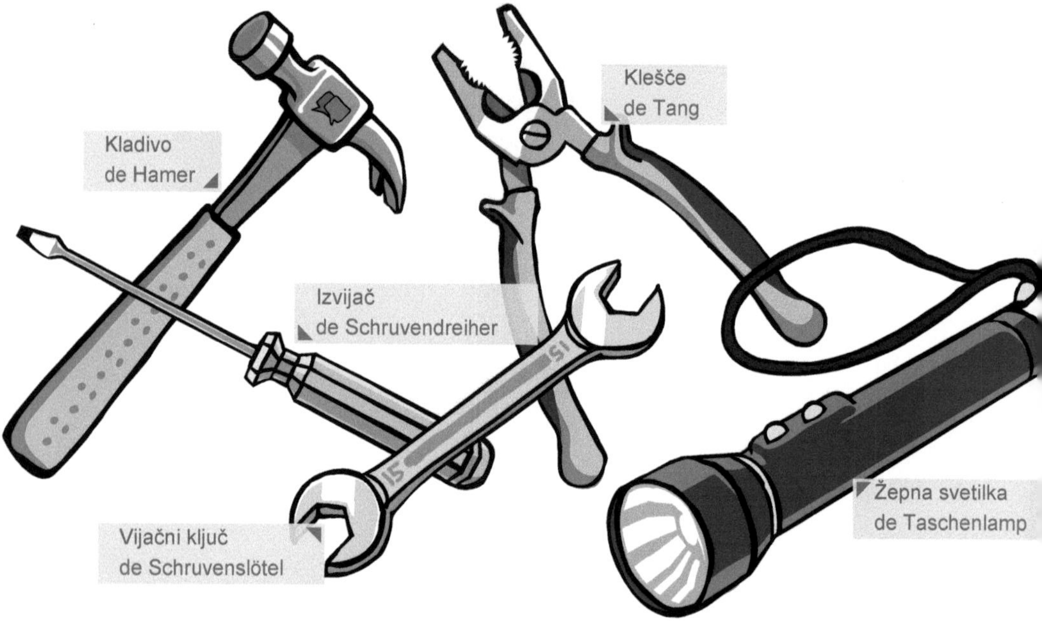
Kladivo
de Hamer
Klešče
de Tang
Izvijač
de Schruvendreiher
Vijačni ključ
de Schruvenslötel
Žepna svetilka
de Taschenlamp

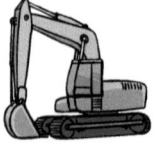

Bager

de Grieper

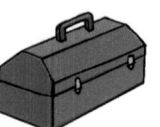

Zaboj z orodjem

de Warktüüchkassen

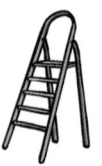

Lestev

de Ledder

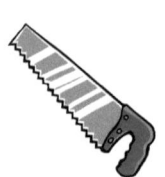

Žaga

de Saag

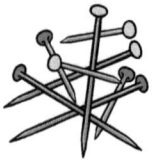

Žeblji

de Nagels

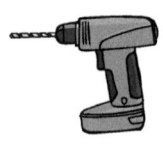

Vrtalnik

de Bohrer

| | | |
|---|---|---|
|  |  |  |
| Popraviti | Lopata | Šment! |
| heelmaken | de Schüffel | Schiet! |
|  |  | 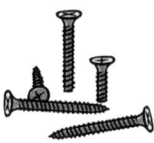 |
| Smetišnica | Posoda z barvo | Vijaki |
| dat Kehrblick | de Farvpott | de Schruven |

## Glasbeni instrument
## de Musikinstrumenten

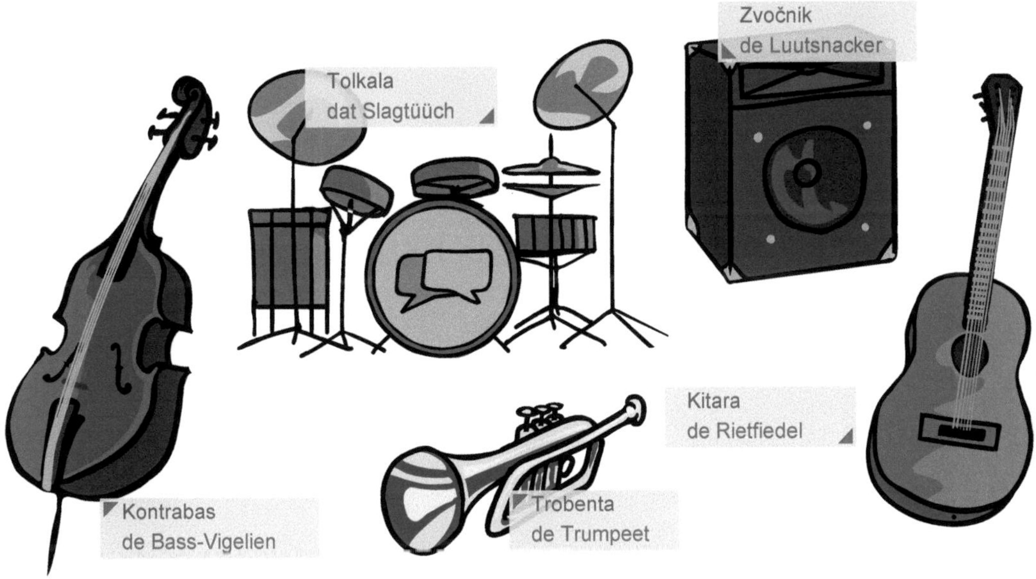

Zvočnik
de Luutsnacker

Tolkala
dat Slagtüüch

Kitara
de Rietfiedel

Kontrabas
de Bass-Vigelien

Trobenta
de Trumpeet

Klavir

dat Klaveer

Violina

de Vigelien

Bas kitara

de Bass

Pavke

de Pauk

Bobni

de Trummeln

Sintetizator

dat Keyboard

Saksofon

dat Saxophon

Flavta

de Fleut

Mikrofon

dat Mikrofoon

# Živalski vrt
## de Deertenpark

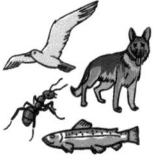

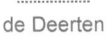

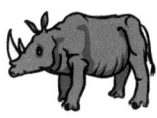

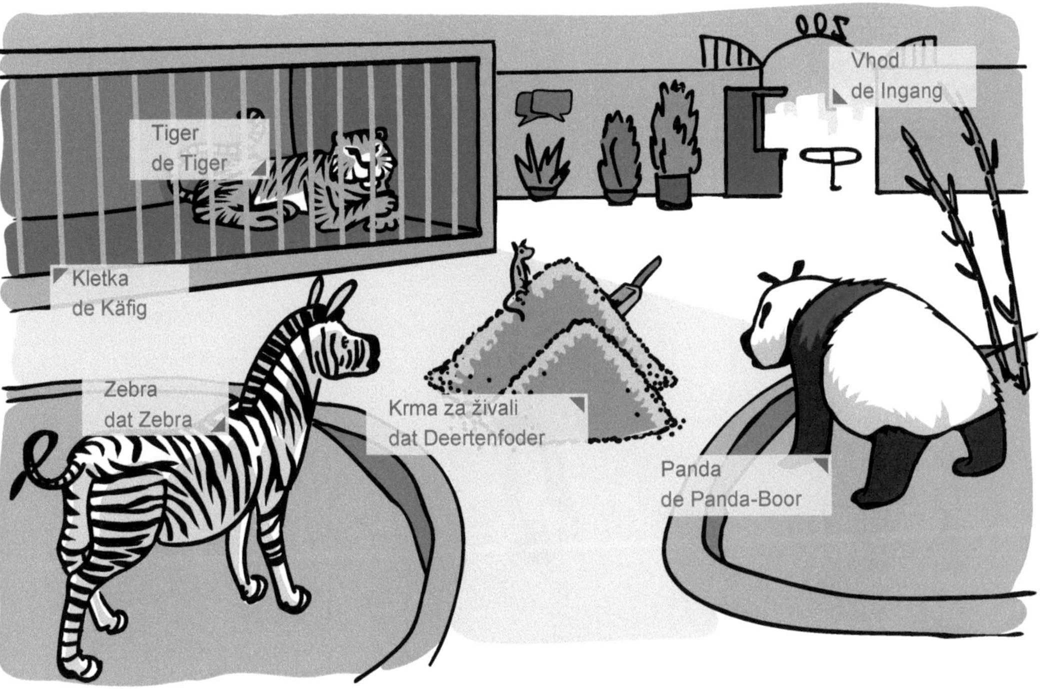

Vhod
de Ingang
Tiger
de Tiger
Kletka
de Käfig
Zebra
dat Zebra
Krma za živali
dat Deertenfoder
Panda
de Panda-Boor


Živali

de Deerten

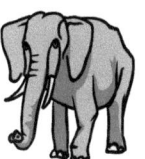

Slon

de Elefant

Kenguru

dat Känguru

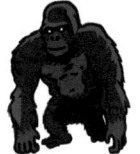

Nosorog

dat Neeshoorn

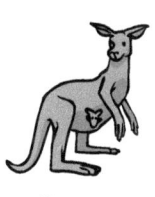

Gorila

de Gorilla

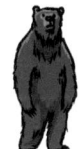

Medved

de Boor

Kamela

dat Kameel

Noj

de Struuß

Lev

de Lööv

Opica

de Aap

Plamenec

de Flamingo

Papagaj

de Papagoi

Severni medved

de Iesboor

Pingvin

de Pinguin

Morski pes

de Haifisch

Pav

de Pageluun

Kača

de Slang

Krokodil

dat Krokodil

Oskrbnik v živalskem vrtu

de Oppasser in'n
Deertenpark

Tjulenj

de Saalhund

Jaguar

de Jaguor

Poni

dat Pony

Leopard

de Leopard

Povodni konj

dat Nilpeerd

Žirafa

de Giraff

Orel

de Aadler

Divji prašič

dat Wildswien

Riba

de Fisch

Želva

de Schildkrööt

Mrož

dat Walross

Lisica

de Voss

Gazela

de Gazell

Ameriški nogomet
de Amerikaansch Football

Kolesarjenje
dat Radfohren

Tenis
dat Tennis

Košarka
de Korfball

Plavanje
dat Swümmen

Hokej
dat Ieshockey

Boks
dat Boxen

Nogomet

de Football

Badminton

dat Fedderball

Atletika

de Leichtathletik

Rokomet

de Handball

Smučanje

dat Skilopen

Polo

dat Polo

# Dejavnosti
## de Aktivitäten

Skočiti
springen
Objeti
ümarmen
Smejati se
lachen
Hoditi
gahn
Peti
singen
Sanjati
drömen
Moliti
beden
Poljubiti
snuteln


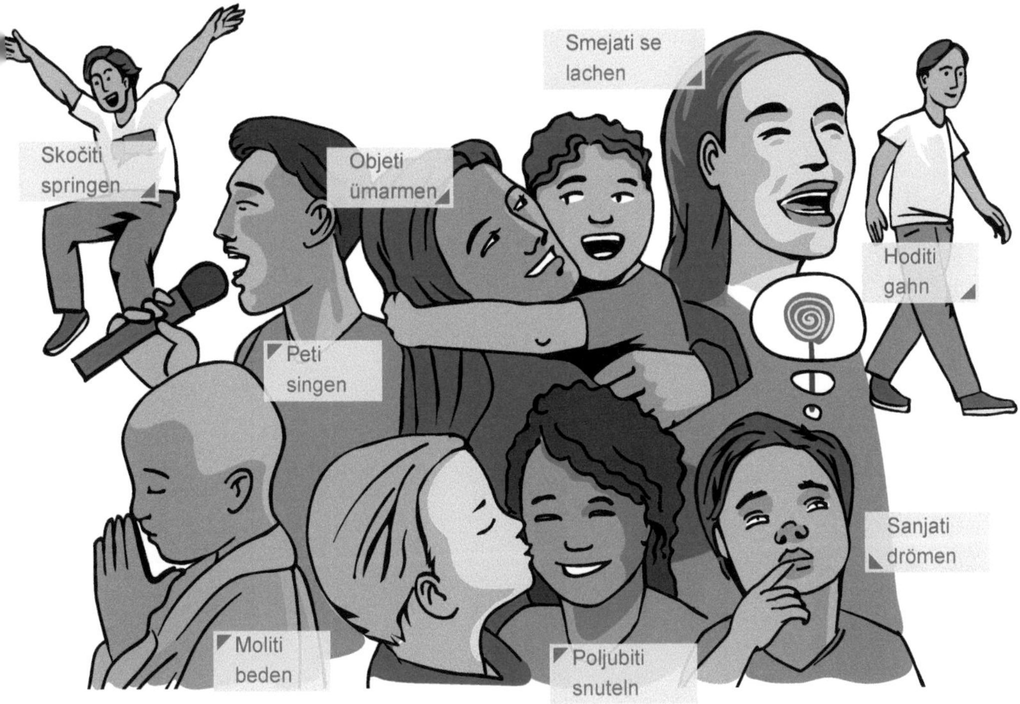

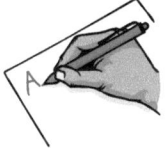

Pisati
schrieven

Risati
teken

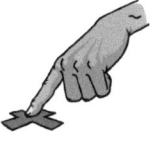

Pokazati
wiesen

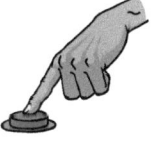

Potisniti
drücken

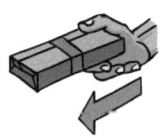

Dati
geven

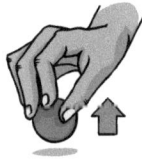

Vzeti
nehmen

Imeti

hebben

Narediti

doon

Biti

sien

Stati

stahn

Teči

lopen

Vleči

trecken

Vreči

smieten

Pasti

fallen

Ležati

liggen

Čakati

töven

Nositi

dregen

Sedeti

sitten

Obleči se

antrecken

Spati

slapen

Zbuditi se

opwaken

Gledati

ankieken

Jokati

wenen

Božati

eien

Česati se

kämmen

Govoriti

snacken

Razumeti

verstahn

Vprašati

fragen

Poslušati

hören

Piti

drinken

Jesti

eten

Pospraviti

oprümen

Ljubiti

leefhebben

Kuhati

kaken

Voziti

fohren

Leteti

flegen

Jadrati

segeln

Računanje

reken

Brati

lesen

Učiti se

lehren

Delati

arbeiden

Poročiti se

de Plünnen tohoopsmieten

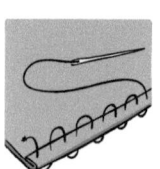

Šivati

neihen

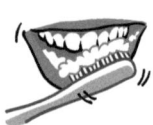

Ščetkati si zobe

Tähnen putzen

Ubiti

dootmaken

Kaditi

smöken

Poslati

schicken

# Družina
# de Familje

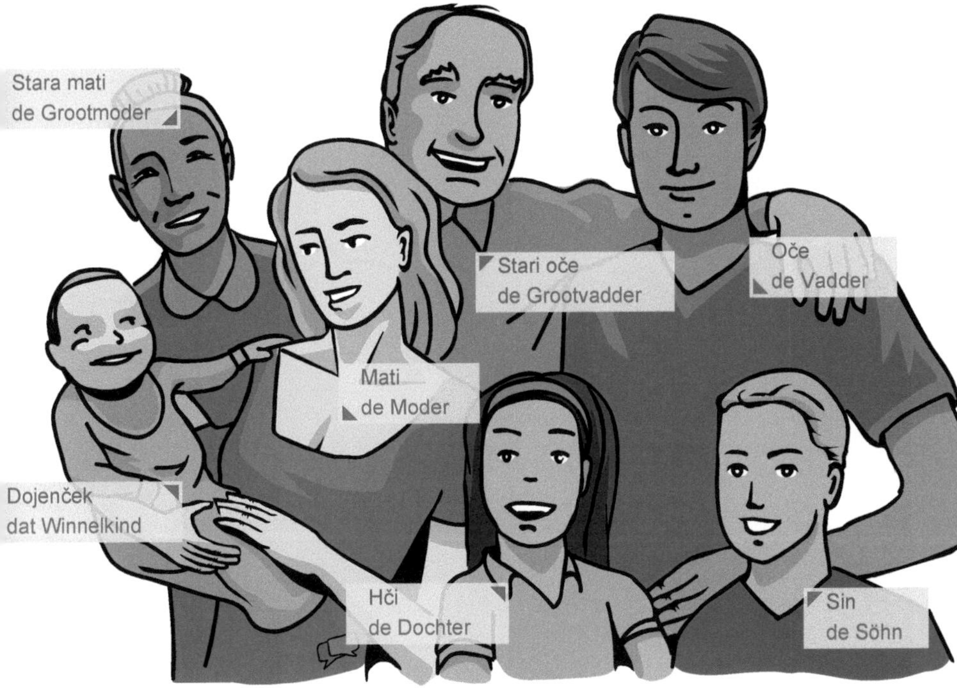

Stara mati
de Grootmoder
Stari oče
de Grootvadder
Oče
de Vadder
Mati
de Moder
Dojenček
dat Winnelkind
Hči
de Dochter
Sin
de Söhn


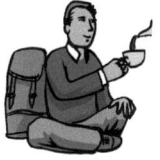

Gost
de Gast

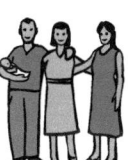

Teta
de Tant

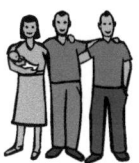

Stric
de Unkel

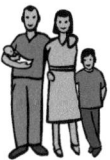

Brat
de Broder

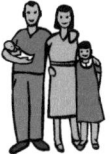

Sestra
de Süster

# Telo

# de Lief

Čelo
de Vörkopp
Oko
dat Oog
Rama
de Schuller
Prst
de Finger
Obraz
dat Gesicht
Brada
dat Kinn
Dlan
de Hand
Noga
dat Been
Prsi
de Bost
Roka
de Arm


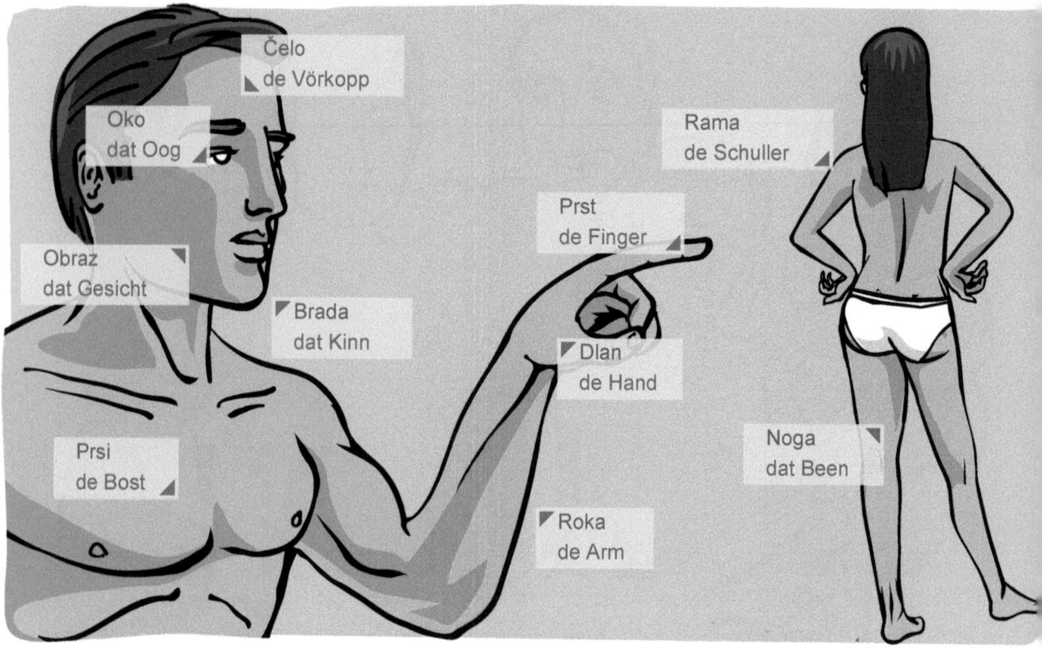

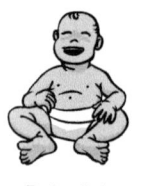

Dojenček

dat Winnelkind

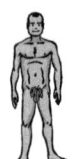

Človek

de Mann

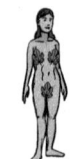

Ženska

de Fro

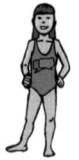

Dekle

de Deern

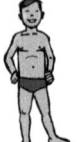

Fant

de Jung

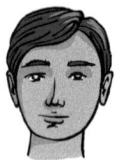

Glava

de Arm

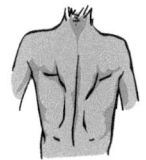

Hrbet

de Rüch

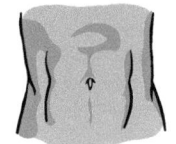

Trebuh

de Buuk

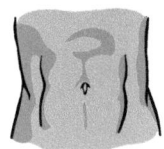

Popek

de Navel

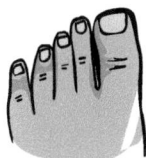

Prst na nogi

de Teh

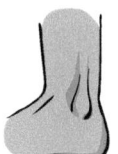

Peta

de Hack

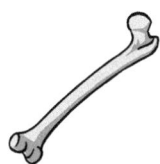

Kost

de Knaken

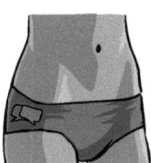

Kolk

de Hüft ·

Koleno

dat Knee

Komolec

de Ellbagen

Nos

de Nees

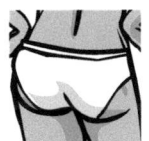

Zadnjica

de Achtersen

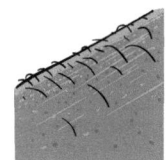

Koža

de Huut

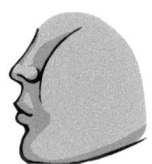

Lice

de Back

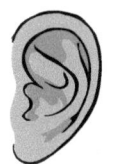

Uho

dat Ohr

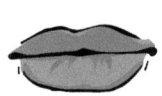

Ustnica

de Lipp

Usta

de Mund

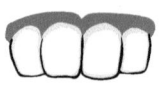

Zob

de Tähn

Jezik

de Tung

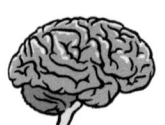

Možgani

de Bregen

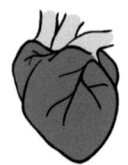

Srce

dat Hart

Mišica

de Muskel

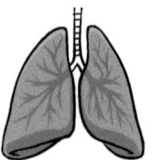

Pljuča

de Lung

Jetra

de Lever

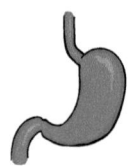

Želodec

de Maag

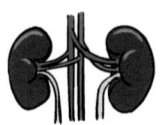

Ledvice

de Neren

Spolni odnos

de Bislaap

Kondom

dat Kondoom

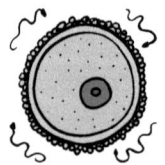

Jajčece

de Eizell

Semenska tekočina

dat Sperma

Nosečnost

de Anner Ümstänn

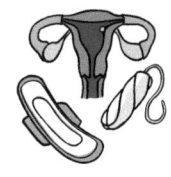

Menstruacija

de Menstruatschoon

Vagina

de Scheed

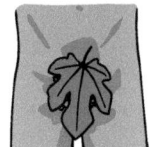

Penis

de Pint

Obrv

de Ogenbroe

Lasje

dat Hoor

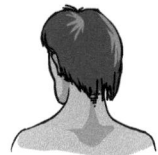

Vrat

de Hals

# Bolnišnica
# dat Krankenhuus

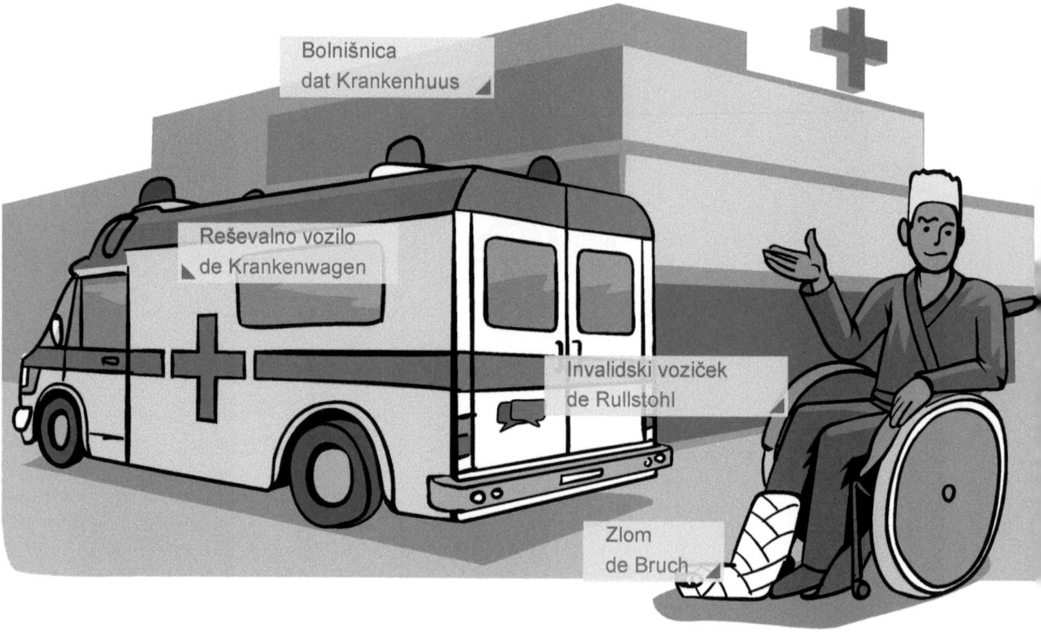

Bolnišnica
dat Krankenhuus
Reševalno vozilo
de Krankenwagen
Invalidski voziček
de Rullstohl
Zlom
de Bruch

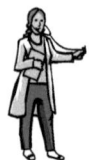

Zdravnik
de Dokter

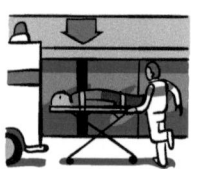

Urgenca
de Nootopnahm

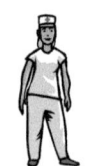

Medicinska sestra
de Krankensüster

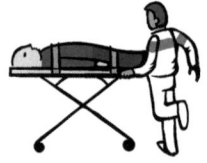

Nujni primer
de Nootfall

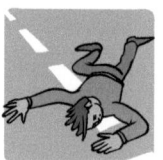

Nezavesten
ahnmächtig

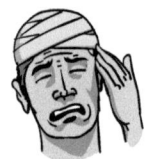

Bolečina
de Wehdaag

Poškodba

de Verwunnen

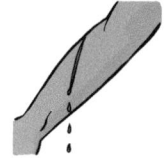

Krvavenje

de Blöden

Srčni infarkt

de Hartinfarkt

Kap

de Slaganfall

Alergija

de Allergie

Kašelj

de Hoosten

Vročina

dat Fever

Gripa

de Gripp

Driska

de Dörchfall

Glavobol

de Koppwehdaag

Rak

de Kreeft

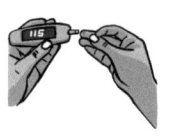

Sladkorna bolezen

de Zuckersüük

Kirurg

de Chirurg

Skalpel

dat Chirurgsch Mess

Operacija

de Operatschoon

CT
........................
dat CT

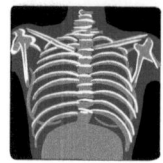

Rentgen
........................
de Dörchlüchten

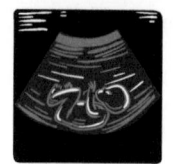

Ultrazvok
........................
de Ultraschall

Obrazna maska
........................
de Mask

Bolezen
........................
de Krankheit

Čakalnica
........................
de Töövruum

Bergla
........................
de Krück

Obliž
........................
dat Plaaster

Preveza
........................
de Verband

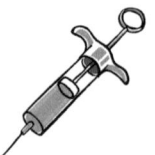

Injekcija
........................
de Insprütten

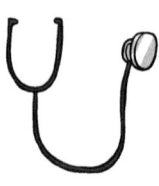

Stetoskop
........................
dat Stethoskop

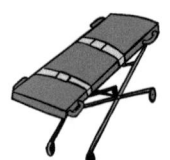

Nosila
........................
de Draag

Klinični termometer
........................
dat Feverthermometer

Porod
........................
de Geboort

Prekomerna teža
........................
dat Övergewicht

Slušni pripomoček

de Höörapparat

Razkužilo

dat Kiemfriemiddel

Okužba

de Ansteken

Virus

de Virus

HIV / AIDS

dat HIV / AIDS

Medicina

dat Heelmiddel

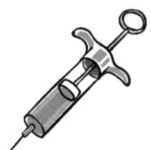

Cepljenje

de Impen

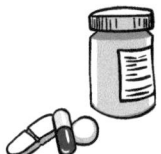

Tablete

de Tabletten

Tableta

de Pill

Klic v sili

de Nootroop

Merilnik krvnega tlaka

de Blootdruck-Meter

bolano / zdravo

krank / gesund

Na pomoč!

Hölp!

Alarm

de Alarm

Napad

de Överfall

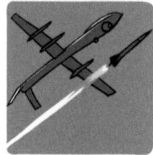

Napad

de Angreep

Nevarnost

de Gefohr

Izhod v sili

de Nootutgang

Gori!

dat Füer!

Gasilni aparat

de Füerlöscher

Nezgoda

de Unfall

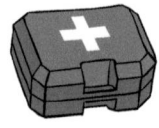

Komplet za prvo pomoč

de Noothölpkoffer

SOS

SOS

Policija

de Polizei

Evropa

Europa

Severna Amerika

Noordamerika

Južna Amerika

Süüdamerika

Afrika

Afrika

Azija

Asien

Avstralija

Australien

Atlantski ocean

de Atlantik

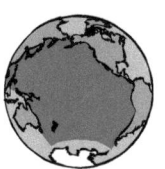

Tihi ocean

de Pazifik

Indijski ocean

dat Indisch Weltmeer

Južni ocean

dat Antarktisch Weltmeer

Arktični ocean

dat Arktisch Weltmeer

Severni tečaj

de Noordpol

Južni tečaj

de Süüdpol

Antarktika

de Antarktis

Zemlja

de Eerd

Kopno

dat Land

Morje

de See

Otok

dat Eiland

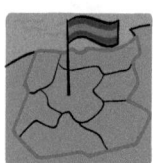

Narod

de Natschoon

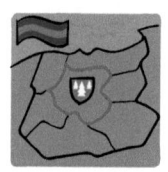

Država

de Staat

Številčnica

dat Tallenblatt

Urni kazalec

de Stunnenwieser

Minutni kazalec

de Minutenwieser

Sekundni kazalec

de Sekunnenwieser

Koliko je ura?

Wo laat is dat?

Dan

de Dag

Čas

de Tiet

Zdaj

nu

Digitalna ura

de digetaalsch Klock

Minuta

de Minuut

Ura

de Stunn

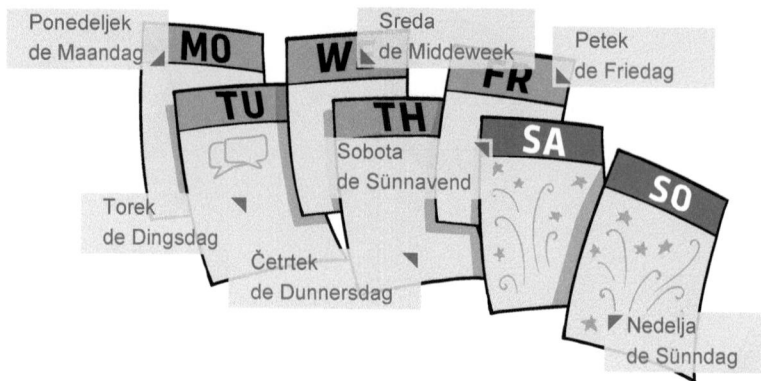

Ponedeljek / de Maandag — MO
Sreda / de Middeweek — W
Petek / de Friedag — FR
Torek / de Dingsdag — TU
Četrtek / de Dunnersdag — TH
Sobota / de Sünnavend — SA
Nedelja / de Sünndag — SO

Včeraj
güstern

Danes
hüüt

Jutri
morgen

Jutro
de Morgen

Poldne
de Meddag

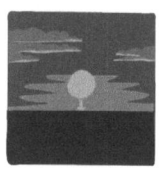

Večer
de Avend

| MO | TU | WE | TH | FR | SA | SU |
|----|----|----|----|----|----|----|
| 1 | 2 | 3 | 4 | 5 | 6 | 7 |
| 8 | 9 | 10 | 11 | 12 | 13 | 14 |
| 15 | 16 | 17 | 18 | 19 | 20 | 21 |
| 22 | 23 | 24 | 25 | 26 | 27 | 28 |
| 29 | 30 | 31 | 1 | 2 | 3 | 4 |

Delovni dnevi
de Arbeitsdaag

| MO | TU | WE | TH | FR | SA | SU |
|----|----|----|----|----|----|----|
| 1 | 2 | 3 | 4 | 5 | 6 | 7 |
| 8 | 9 | 10 | 11 | 12 | 13 | 14 |
| 15 | 16 | 17 | 18 | 19 | 20 | 21 |
| 22 | 23 | 24 | 25 | 26 | 27 | 28 |
| 29 | 30 | 31 | 1 | 2 | 3 | 4 |

Konec tedna
dat Wekenenn

Dež
de Regen

Mavrica
de Regenbagen

Sneg
de Snee

Veter
de Wind

Pomlad
dat Fröhjohr

Jesen
de Harvst

Poletje
de Sommer

Zima
de Winter

| | | |
|---|---|---|
| 4.APRIL | 11° | ☀ |
| 5.APRIL | 4° | ☁ |
| 6.APRIL | 13° | ⛅ |
| 7.APRIL | 8° | ☀ |
| 8.APRIL | 10° | ☀ |

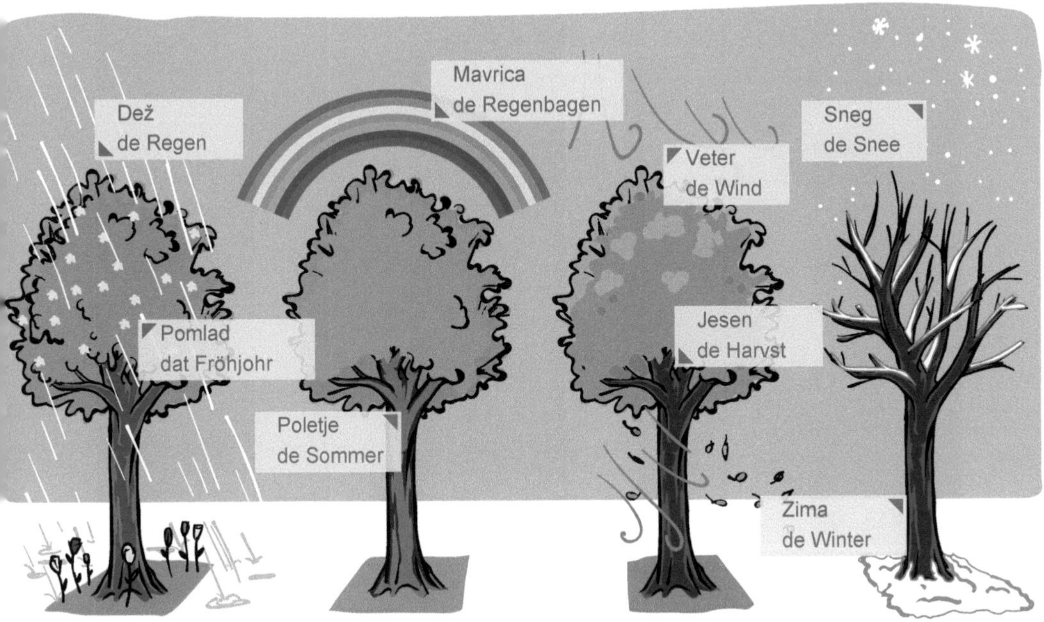

Vremenska napoved
...............
de Wedervörhersaag

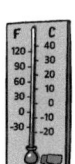

Termometer
...............
dat Thermometer

Sončna svetloba
...............
de Sünnenschien

Oblak
...............
de Wulk

Megla
...............
de Nevel

Vlažnost
...............
de Luftfuchtigkeit

Strela

de Blitz

Grom

de Dunner

Nevihta

de Storm

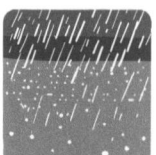

Toča

de Hagel

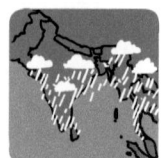

Monsun

de Monsun

Poplava

de Floot

Led

dat Ies

Januar

de Januormaand

Februar

de Februormaand

Marec

de Martmaand

April

de Aprilmaand

Maj

de Maimaand

Junij

de Junimaand

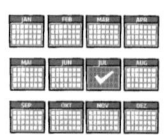

Julij

de Julimaand

Avgust

de Augustmaand

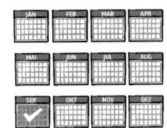

September
.................
de Septembermaand

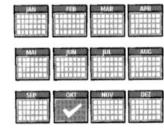

Oktober
.................
de Oktobermaand

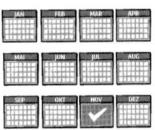

November
.................
de Novembermaand

December
.................
de Dezembermaand

# Oblike

## de Formen

Krogla
.................
de Krink

Kvadrat
.................
dat Quadrat

Pravokotnik
.................
dat Rechteck

Trikotnik
.................
dat Dreeeck

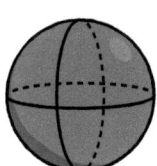

Krogla
.................
de Kugel

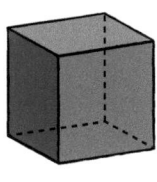

Kocka
.................
de Wörpel

Bela

witt

Rumena

geel

Oranžna

orangsch

Rožnata

pink

Rdeča

root

Vijolična

lila

Modra

blau

Zelena

gröön

Rjava

bruun

Siva

gries

Črna

swart

veliko / malo
veel / wenig

jezno / umirjeno
böös / verdreeglich

lepo / grdo
smuck / mies

začetek / konec
de Begünn / dat Enn

veliko / majhno
groot / lütt

svetlo / temno
hell / düüster

brat / sestra
de Broder / de Süster

čisto / umazano
schier / schietig

popolno / nepopolno
kumpleet / nich kumpleet

dan / noč
de Dag / de Nacht

mrtvo / živo
doot / lebennig

široko / ozko
breet / small

užitno / neužitno

geneetbor / nich geneetbor

zlobno / prijazno

böös / fründlich

vznemirjeno / zdolgočaseno

fickerig / langwielt

debelo / vitko

dick / dünn

prvo / zadnje

toeerst / toletzt

prijatelj / sovražnik

de Fründ / de Fiend

polno / prazno

vull / leddig

trdo / mehko

hart / week

težko / lahko

swoor / licht

lakota / žeja

de Smacht / de Döst

bolano / zdravo

krank / gesund

nezakonito / zakonito

nich na't Recht / na't Recht

pametno / neumno

klook / dummerhaftig

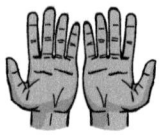

levo / desno

linkerhand / rechterhand

blizu / daleč

neeg / feern

novo / rabljeno

nieg / bruukt

nič / nekaj

nix / wat

staro / mlado

oolt / jung

vklopljeno / izklopljeno

an / ut

odprto / zaprto

apen / slaten

tiho / glasno

lies / luut

bogato / revno

riek / arm

prav / narobe

richtig / verkehrt

grobo / gladko

ruug / glatt

žalostno / veselo

trurig / glücklich

kratko / dolgo

kort / lang

počasi / hitro

suutje / flink

mokro / suho

natt / dröög

toplo / hladno

warm / köhl

vojna / mir

de Krieg / de Freden

# Števila

## de Tallen

**0**

Ničla

null

**1**

Ena

een

**2**

Dva

twee

**3**

Tri

dree

**4**

Štiri

veer

**5**

Pet

fief

**6**

Šest

söss

**7**

Sedem

söven

**8**

Osem

acht

**9**

Devet

negen

**10**

Deset

teihn

**11**

Enajst

ölven

## 12

Dvanajst

twölf

## 13

Trinajst

dörteihn

## 14

Štirinajst

veerteihn

## 15

Petnajst

föffteihn

## 16

Šestnajst

sössteihn

## 17

Sedemnajst

söventeihn

## 18

Osemnajst

achtteihn

## 19

Devetnajst

negenteihn

## 20

Dvajset

twintig

## 100

Sto

hunnert

## 1.000

Tisoč

dusend

## 1.000.000

Milijon

million

## de Spraken

Angleščina

dat Engelsch

Ameriška angleščina

dat Amerikaansch Engelsch

Mandarinščina

dat Chineesch Mandarin

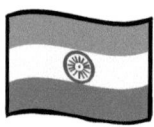

Hindujščina

dat Hindi

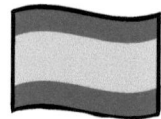

Španščina

dat Spaansch

Francoščina

dat Franzöösch

Arabščina

dat Araabsch

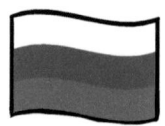

Ruščina

dat Rusch

Portugalščina

dat Portugiesch

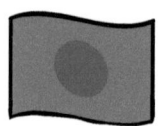

Bengalščina

dat Bengaalsch

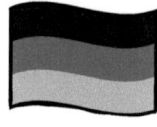

Nemščina

dat Düütsch

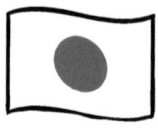

Japonščina

dat Japaansch

Jaz

ik

Ti

du

On / ona / tisto

he / se / dat

Mi

wi

Vi

ji

Oni

se

Kdo?

keen?

Kaj?

wat?

Kako?

woans?

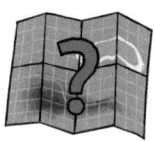

Kje?

woneem?

Kdaj?

wannehr?

Ime

de Naam

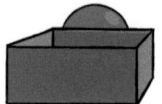

Zadaj

achter

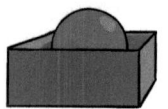

V

in

Pred

vör

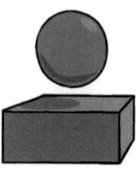

Nad

över

Na

op

Pod

ünner

Poleg

blangen

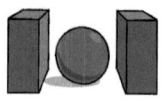

Med

twüschen

Kraj

de Oort